Über die Autorin

Ingrid Schlieske plädiert für Selbständigkeit. Sie weiß nur zu gut, wovon sie schreibt, denn etwas anderes als selbständig zu sein, ist für sie in ihrem ganzen (langen) Leben nicht in Betracht gekommen. Dabei hat sie eine ganze Reihe von unterschiedlichen Firmen gegründet, die letztendlich alle in das Thema Gesundheit mündeten.

So betrieb sie u. a. viele Jahre lang ein großes Seminarhaus, in dem Meridian-Energie-Techniken gelehrt wurden. Sie betreute Kurgäste im *Kurhaushotel Bad Salzhausen*, baute eine Heilpraktikerschule auf, veranstaltete in über 500 Städten und Orten in Deutschland gemeinsam mit Ernährungsberaterinnen und Ernährungsberatern Trennkostseminare, die von über 160.000 Teilnehmern besucht wurden. Und sie gab 11 Jahre lang das monatliche Gesundheitsmagazin BIOLINE heraus, das von über 10.000 Abonnenten gelesen wurde.

Alle ihre Firmen, darunter vier GmbH (!) gründete sie „aus dem Stand", ganz ohne eigene Mittel oder finanzielle Unterstützung von irgendwem. Und die Galerie der geschäftlichen Erfolge liest sich wie eine Reihe von glücklichen Umständen, denn mit *jedem* der Unternehmen hat Ingrid Schlieske beachtliche Erfolge eingefahren. Dabei hat sie sich nie nur mit Klein-Objekten begnügt, sondern ist gleich immer „in die Vollen" gegangen.

Aber einfach war es nie, die anvisierten Ziele zu erreichen. Ihre Erfolgswege waren eigentlich nicht nur steinig, sondern geradezu übersät mit dicken Felsbrocken, die es zu überwinden galt. Man führe sich dafür noch zusätzlich vor Augen, dass es in früheren Zeiten für eine Frau mit Ambitionen doppelt so schwierig war, sich durchzusetzen und bei der geschäftlichen Männerwelt nicht gerade mit Unterstützung zu rechnen war. Ingrid Schlieke aber ließ sich nicht beirren. Sie blieb prinzipiell auf der Zielgeraden, obwohl ihr nicht selten zur Durchführung ihrer Pläne die Erfahrungswerte fehlten. *Erst einmal!* Aber sie vertraute ihren Ideen und Intuitionen, studierte fleißig, was ihr an Wissen fehlte und glaubte fest daran, dass sie mit ihrer eigenen Begeisterung für ein Thema auch andere Menschen überzeugen würde. Jawohl, es gab auch eine Vielzahl von Rückschlägen, aber letztendlich war der Siegeswille stärker. Warum? Weil Ingrid Schlieske einfach nicht aufgab, niemals! Und weil sie immer vorwärts statt rückwärts dachte. Bis heute übrigens.

Und genau das wünscht die Autorin ihren mutigen Lesern ebenfalls!

Ingrid Schlieske

ERFOLG

er-<u>folgt</u> nicht zufällig!

6 gute Existenzgründer-TIPPS bereiten machtvoll den

WEG!

Impressum

Bibliographische Information der Deutschen Nationalbibliothek:
Die Deutsche Nationalbibliothek
Verzeichnet diese Publikation in der Deutschen Nationalbibliothek
detaillierte bibliografische Daten sind im Internet
über www.dnb.de abrufbar.

© Ingrid Schlieske
Herstellung und Verlag BoD Books on Demand, Norderstedt
ISBN 978-3-7448-3969-3

Inhaltsverzeichnis

Liebe Selbständige oder künftig Selbständige,

Erfolg kann man tatsächlich lernen. Davon bin ich zutiefst überzeugt. Dennoch gibt es, das will ich zugeben, eine Reihe von Unwägbarkeiten, die man im Vorfeld nicht berechnen kann. Da ist dann Ihre persönliche Kreativität gefragt, die auch mit unerwarteten Herausforderungen aktuell umzugehen versteht.

So kann und will ich auch lediglich meine Schützenhilfe anbieten und Sie auf Stärken und Schwächen Ihres gewählten Konzeptes hinweisen.

Ich konnte aus eigener, lebenslanger Erfahrung und beim Coaching von unzähligen Ratsuchenden lernen und miterleben, dass es eine Reihe von Stolpersteinen gibt, die sich auf dem Erfolgsweg türmen können und die dann oft genug der Grund dafür sind, dass der Traum von der Selbständigkeit zum Alptraum wird. Die meisten solcher ***Erfolgsverhinderer*** jedoch lassen sich im Vorfeld ermitteln und bei cleverer Planung durchaus vermeiden.
So ist es ratsam, gleich schon vor dem Realisieren der geschäftlichen Aktionen die eigenen Kräfte auf die ***Erfolgsgaranten*** zu konzentrieren und sich genau zu überlegen, wie man diese in das geplante Konzept einbaut.
In meinem RATGEBER-Buch nenne ich die wichtigsten Empfehlungen, die ich Ihnen für eine erfolgreiche Selbständigkeit geben kann. Und das gilt für nahezu JEDE Branche, ob Sie einen kleinen Marktstand betreiben wollen, ein Ladengeschäft, eine Praxis, einen Online-Versand oder eine Gastronomie. In entsprechend angepasster Form, ähneln sich die ERFOLGS-REZEPTE für geschäftliches Gelingen für fast jede Richtung und für die jeweils angestrebte Größenordnung.

Gutes Gelingen wünsche ich für Ihre Pläne und auch das Quäntchen Glück, das es ebenfalls immer braucht, um alles gut auf den Weg zu bringen, herzlichst, Ihre Ingrid Schlieske

Der Masterplan

Er ist ein Routenplaner, damit Erfolg auf den Weg gebracht werden kann

Sie wollen sich also selbständig machen?
Gratulation, Sie haben sich für ein großes Stück Freiheit entschieden, für Kreativität und die Chance, an den vielfältigen Aufgaben, die es nun zu bewältigen gilt, enorm zu wachsen.
Sie haben nun vor, unermüdlich zu arbeiten, unter Umständen eine ganze Weile auf ausreichendes Einkommen zu verzichten, ggf. Krisen durchzustehen, sofort wieder aufzustehen, wenn Sie gefallen sind und Urlaubsideen für einige Jahre auf Eis zu legen.
Und so richtig viel Zeit für Familienleben ist vorläufig auch nicht in Sicht.

Das hört sich alles entmutigend an? Ja klar, Sie begeben sich in einen Kampf, der oftmals den totalen Einsatz erfordert, der Sie nicht selten bis an den Rand Ihrer körperlichen und seelischen Möglichkeiten, aber dafür oft genug geradezu zur Verzweiflung bringt.

Aber – der Einsatz wird sich lohnen. Sie werden siegreich sein, Erfolg haben, Ihre Erfolge ständig steigern und Ihr Ziel erreichen, wenn, ja wenn, Sie wissen, wie es geht und sich auf die Spielregeln einlassen wollen.

Erfolg ist eines der stärksten Stimulanzien, die es gibt. Erfolg trägt wirtschaftlichen Wohlstand im Gepäck, genau wie die Kraft, körperliche und seelische Heilung zu beschleunigen.

Diese besondere Energie kann wie eine Droge wirken und durchaus auch glücklich machen.

Der bekannte Glücksforscher *Mihaly Cikzentmihaly* schreibt in seinem weltberühmten Buch *„FLOW – das Geheimnis des Glücks"* darüber, dass man dieses wundervolle Gefühl „Glück" besonders dann intensiv erlebt, wenn man sich einer Herausforderung stellt, die größer ist, als man selbst und es einem gelingt, sie zu bewältigen. Dabei muss es sich keineswegs um riesige Aufgaben handeln, auch kleine Siege über sich selbst sind Trainingsstrecken und vermitteln schon den ersten Eindruck von anhaltendem Glück.

Im Prinzip geht es um Wettbewerb. Damit ist besonders der Wettbewerb mit sich selbst gemeint. Dabei gilt es, die eigenen Leistungen ständig zu übertreffen und sich diesen Triumph über sich selbst immer wieder neu bewusst zu machen und es auch zu üben, ihn zu genießen. Dabei entsteht FLOW - dieses einzigartige, erhebende Gefühl des Siegens. Und das ist tatsächlich das Geheimnis des Glücks, das man sich selbst verabreichen kann, wenn - man eben die Spielregeln kennt und diese hoch engagiert und super-fleißig anwendet.

Wer den Mut hat, sich selbständig zu machen, stellt sich einem solchen Kräftemessen immer - und unermüdlich immer wieder.

Dabei spielt es keine Rolle, welcher Art die Selbständigkeit sein wird. Soll es eine therapeutische Praxis sein, ein Ladengeschäft, eine Dienstleistung, ein Onlineshop oder eine Ideenschmiede? Immer jedenfalls soll der Erfolg die Belohnung für den erbrachten Einsatz sein.

Um diesen ersehnten Erfolg zu erreichen, ist es wichtig, wie bei einem guten Backrezept oder Kochrezept, die richtigen Zutaten zu wählen und genau die Zubereitungs-Anweisungen zu befolgen, damit der „Erfolgskuchen" gelingt.

Die Grundrezepte für Erfolg, der er-folgen soll, ähneln sich auf erstaunliche Weise und gewährleisten Erfolge, auch Zwischenerfolge, wenn die Zubereitung-Anweisungen genau eingehalten werden.

Bei der Ausgestaltung der Selbständigkeits-Pläne dann ist die eigene Fantasie gefragt und es können die eigenen Ideen eingebracht werden. Die ganz eigene Kreativität nämlich ist entscheidend dafür, wie großartig sich am Ende die geplante Existenz darstellen kann. <u>Die eigene Begeisterung für das Ziel aber - sie ist unabdingbare und allerwichtigste Voraussetzung für das Erreichen des angestrebten Zieles.</u> Ich beschreibe hier die wichtigsten Tipps, nach denen ich eigene Erfolge generieren konnte, genau wie auch viele Existenzgründer die ich beraten habe, sie nutzten und noch heute anwenden:

Wollen Sie wirklich Geld verdienen? Wirklich?
Prüfen Sie Ihre eigene Einstellung zu geschäftlichem Erfolg und zum Geldverdienen. Lesen Sie in dem Artikel „Ihre Einstellung zum Geld", damit man sich selbst nicht die Fallen und Bremsen baut, die Geldverdienen verhindern oder zumindest behindern.

„Brennen" Sie für Ihre Pläne?
Wählen Sie für Ihre Selbständigkeit unbedingt Themen, das Ihnen am Herzen liegen, mit denen Sie sich emotional verbunden fühlen oder mit denen Sie eine Verbindung aufbauen können. Dabei muss es nicht zwangsläufig um Ihr persönliches Hobby gehen. Aber es ist ungemein hilfreich, wenn Sie sich vor Augen führen können, welchen Mehrwert Ihre Kunden, Patienten, Klienten, Besucher durch Ihre Angebote haben. Auch den eigenen Nutzen darf man klar benennen und <u>begeistert</u> darauf hin steuern wollen. Erfolg bemisst sich ja nicht nur in Anerkennung, die man erfährt, sondern eben auch am steigenden Einkommen. Da darf man sich schon eingestehen, dass ein persönlicher Spaß, ja auch eine gewisse Befriedigung mit dem Geldverdienen verbunden ist. Die Lust am Handel kann nämlich durchaus auch zum Hobby werden. Egal, welche Motivation Sie dazu bewegt, erfolgreich zu sein, Sie müssen eine liebevolle Beziehung zu Ihrem Tun aufbauen. Wichtig dafür ist, dass Sie es lieben, sich mit Ihrem „Geschäft" zu be<u>schäft</u>igen und es nicht als notwendiges Übel betrachten.

Sei der Baumeister Deines Erfolges

Erfolg ist den allermeisten Fällen kein Zufallsprodukt, sondern das Ergebnis eines klugen Konzeptes und Fleiß, Fleiß, Fleiß ...

Schon Goethe sagte: *„Erfolg ist Genie u n d Fleiß!"*
Einer meiner liebsten und besten Freunde war der leider schon vor Jahren verstorbene **Ole Jensen**, ein begnadeter Karikaturist und Maler, der besonders in den 80-er Jahren zu den bekanntesten Künstlern Deutschlands gehörte. In Berlin, wo er auch wohnte, war er ganz genauso populär, wie dereinst Zille.
Viele seiner Bilder sind unvergessen und zierten so machen „Stern-Titel". So malte er einmal den Kopf unseres damaligen Bundespräsidenten Heinrich Lübke und das - man staunte nicht schlecht, als rosa Ölgemälde und Konrad Adenauer malte er in unterschiedlichen kühlen Weißtönen. Von ihm sind wohl so ziemlich alle damaligen Prominenten aus Politik, Kunst und Wissenschaft mit Pinsel oder Stift auf Leinwand oder Papier gebannt worden. Ich staunte immer wieder neu über seinen Einfallsreichtum und die geniale Pinselführung und sagte ihm das auch wiederholt. Dazu drückte ich meine Bewunderung für seine Fülle von Begabung aus. Seine Antwort auf meine Komplimente war so einfach, wie einleuchtend und sie kommt mir seither bei vielen Gelegenheiten in den Sinn:

„Ach, die Begabung macht nicht mehr als etwa 5% aus. Der Rest ist Handwerk und Übung!"

Da haben wir es wieder. Nicht rätselhafte Mächte sind zugange, wenn jemand besonders erfolgreich ist. Vielmehr sind es in den meisten Fällen die eigenen Bemühungen, die die Basis sind für den Erfolg, der Außenstehenden oft so vorkommt, als wäre er den vermeintlich Glücklicheren in den Schoß gefallen.
Erfolg ist ja nicht nur auf das Berufsleben bezogen, er kann mit allem in Verbindung gebracht werden, was das Menschsein und die Lebensqualität ausmacht.

Wir wissen im Prinzip sehr wohl, wie Erfolg zu erreichen ist. Die Manager oder Gründer riesiger Unternehmen machen es uns vor. Prominente, die es heute „geschafft" haben, bieten dafür interessante Anschauungen. Dazu zwei einleuchtende Beispiele, die wir alle bestens kennen:

Der vielbeneidete Dieter Bohlen

Sein Werdegang ist sattsam bekannt. Er wollte mit seinen Kompositionen unbedingt Karriere machen und rannte den Produzenten geradezu die Türen ein. Dabei war er einfach nicht abzuschütteln, wurde kaum noch vorgelassen, erhielt ständig Absagen, ließ sich jedoch nicht entmutigen. Er verdingte sich sogar als Fahrer des damals schon sehr bekannten Sängers Bernhard Brink und nervte diesen ständig, indem er ihm immerzu seine neuesten Werke vorträllerte.
Eigentlich winkte jeder in der Branche entnervt ab, wenn der Name Dieter Bohlen nur fiel. Der aber hatte den festen Willen, „es zu schaffen". Und das mit einem Stimmchen, das eher an den Klang einer Tröte erinnerte und für das Schlagergeschäft eigentlich völlig ungeeignet war. Oder doch nicht?
Ja und dann tat sich der fleißige und schlaue Dieter mit dem bildhübschen (und stimmlich bestens ausgestatteten) Sänger Thomas Anders zusammen, gründete mit ihm gemeinsam die Band *Modern Talking*. Der Rest ist eine nicht enden wollende Erfolgsstory, die von Dieter Bohlen immer noch weiter getoppt wird.

Dieser Dieter Bohlen hat jahrelang an seinem Erfolg gebastelt. Er hat keinen Moment daran gezweifelt, dass ihm der so dringend ersehnte Durchbruch gelingen würde.

Dafür rannte er den Musikmanagern die Bude ein, dafür kämpfte er und erschien den Leuten wie „Zahnschmerz", den man einfach nicht loswurde. Er ist noch heute der Fleiß in Person, obwohl er längst von seinem vielen Geld in Saus und Braus leben könnte.

Erfolg ist ihm zur Gewohnheit und zum Bedürfnis geworden.

Gerhard Schröder kam von ganz unten

„Ich will hier rein!" Jeder kennt die Geschichte, die unserem früheren Bundeskanzler nachgesagt wird: War es nun Spaß, hat es sich tatsächlich so zugetragen oder hatte sich jemand diese geniale PR-Story ausgedacht? Schröder soll nach einer langen Nacht (politische Debatten oder durchzecht?) heftig an den Toren des Bundestages gerüttelt und lautstark gebrüllt haben: „Ich will hier rein!" Und dass ihm das gelungen ist, haben wir eindrücklich erlebt. Auf jeden Fall ist Schröder der beste Beweis dafür, wie Fleiß, eiserner Siegeswille, gepaart mit Visionen und reichlich rhetorischem Training, die Voraussetzung für eine große Karriere sein kann. Er selbst hat nie ein Hehl daraus gemacht, aus allerkleinsten Verhältnissen zu stammen. Seine Mutter, eine Putzfrau, musste ihre drei Kinder alleine durchbringen. Dankbar und respektvoll hat er sie dafür immer „Löwin" genannt. Schröder trat als Jugendlicher eine Lehre zum Verkäufer an. Erst danach schaffte er auf dem zweiten Bildungsweg das Abitur, studierte Jura und ging in die Politik. Der Rest ist deutsche Geschichte. Ihm ist der Erfolg nicht in die Wiege gelegt worden. Niemand hat ihm dabei geholfen, den Erfolgsweg zu gehen. Er alleine hat sich nach oben gekämpft (sicherlich auch oft genug nach oben „geboxt"), sich über alle Bedenken hinweg gesetzt und schließlich das geschafft, was niemand für möglich gehalten hätte.

Beide Erfolgsstories sind typisch für die Wirksamkeit eines guten Konzeptes u n d der nie erlahmenden Einsatzbereitschaft für das ersehnte Ziel.

Nun ist es nicht unbedingt die große Karriere, die ein normaler Durchschnittsbürger anstrebt. Es sind oft eher kleine Ziele, die erreicht werden sollen.
Viele Menschen sind darüber enttäuscht, dass sie im Leben relativ erfolglos bleiben, sind sich aber nur selten der Tatsache bewusst, dass ihnen ein genau definiertes Ziel fehlt, das nötig ist, um darauf hinzuarbeiten. Dazu gehört Folgendes:
Sich hinsetzten und eine ehrliche Bilanz ziehen: „Was will ich, was kann ich und was bin ich bereit zu leisten". Das sind die ersten, die wichtigen Schritte.

Erfolgsförderer und Erfolgsverhinderer, Beispiele, wie sie wirken

Diese beiden Gegenspieler entscheiden darüber, wie Ihr Erfolgsweg sich gestaltet. Und Sie bestimmen, wem von beiden Sie die Macht einräumen.

Schauen Sie sich um. Ob Sie in einer Stadt wohnen, in einer Kleinstadt oder Großstadt oder auf dem Land: es wird Ihnen oft genug vor Augen geführt, wie schnell es gehen kann, dass ein neuer Laden eröffnet ist und in erschreckend kurzer Zeit das Geschäft wieder seinen Geist aufgeben muss. Viele Geschäfte und auch Praxen können sich nicht halten und müssen dann nach schon 1-2 Jahre, nämlich schon bald nach der hoffnungsvollen Eröffnung, wieder schließen. Das liegt dann nicht selten daran, dass die Betreiber sich ins Geschäftsleben gestürzt haben, ohne das klug zu durchdenken und dann erst loszulegen.

Aber auch alteingesessene Geschäfte haben es oft nicht leicht, auf Dauer dem wachsenden Konkurrenzdruck genügend entgegen zu setzen und sich dem rasch wechselnden Zeitgeist anzupassen. Aus Gewohnheit wird dann häufig der eingefahrene Trott fortgesetzt und neuen, zündenden Ideen wird nicht genügend Aufmerksamkeit gewidmet.

Ich lebe bereits einige Jahre in Berlin. Mein Stadtteil wirkt wie ein Kleinstadtgefüge mit vorwiegend kleinen Geschäften. Ursprünglich eine Arbeitergegend, gehört dieser Teil in etwa der Mitte der Stadt heute zu den angesagten Wohngegenden Berlins, die besonders von jungen Leuten bevorzugt werden. Hier sind die Preise noch moderat (die Mieten allerdings steigen derzeit recht hurtig bis astronomisch). Aber nette Plätze und viele hübsche Läden, auch Bistros, Cafés und Restaurants mit Studentenflair sind offensichtlich äußerst anziehend.

Das gilt eben besonders auch für junge Menschen, die sich von einer kleinen Selbständigkeit eine gesicherte Existenz und abwechslungsreiche berufliche

Selbstverwirklichung erhoffen. Wie schwierig sich solche Wünsche realisieren lassen, ist hier oftmals hautnah zu beobachten.

Ich wohne hier seit mehr als 3 Jahren, kenne und beobachte die Gegend aber schon 17 Jahre, denn meine Tochter lebte vorher in der Wohnung, die ich jetzt bezogen habe. So kann ich mir seit langem ein reales Bild über die geschäftliche Entwicklung kleiner Selbständigkeiten, auch diverser Praxen machen.

Ich will nachstehend nur einige Beispiele aufzählen, wie es passieren kann, dass trotzt guter Absichten und hoffnungsvollem Fleiß, sich ganz oft keine Geschäfts-erfolge einstellen wollen und die Existenzgründer ihre Geschäfte dann nicht am Leben erhalten konnen. Muss man endgültig schließen, bleiben dann in der Regel hohe Schulden, die oft genug in Insolvenzen münden.

Schuld daran sind erstaunlich selten die Wirtschaftslage, ein Mangel an Kunden, oder die Konkurrenz, sondern vielmehr das fehlende Geschäftskonzept unter Berücksichtigung der wichtigsten Prinzipien, durch die Erfolg er-folgt.

Besonders auffallend und absolut unverständlich empfinde ich es, dass ein neuer Laden, auch eine neue therapeutische Praxis verblüffend oft, nahezu identische Angebote präsentiert, wie auch die benachbarte Konkurrenz sie führt.

Eine Pizzeria arbeitet dann genauso wie alle anderen, ein Sushi-Restaurant liefert genau die gleichen Rollen wie die Mitbewerber, Catering-Firmen orientieren sich an dem gleichen Sortiment, wie es seit Jahr und Tag üblich ist, Cafés und Bäckereien führen Backwaren, die von denen der anderen Bäckereien der Stadt geklont zu sein scheinen und die ersichtlich machen, dass hier die gleichen Großlieferanten zugange sind. Und diese Backwaren gibt es dann jahrelang ohne die geringste Abwechslung.

Es fehlt fast überall die eigene Handschrift, das Besondere, das Lust darauf macht, das Angebot auszuprobieren, die Leckereien zu kosten, in besonderem Ambiente zu verweilen, einer bestimmten Community zugehörig zu sein, sich verwöhnen, unterhalten, amüsieren zu lassen. Man sucht das alles dann meistens vergeblich. *Wenn das aber offensichtlich fehlt, muss man sich doch selbst die Frage stellen, wieso Kunden, Gäste, Klienten oder Patienten dann überhaupt kommen sollten.*

Um anzuschauen, wie nahe Erfolg und Misserfolg nebeneinander liegen, habe ich einige Beispiele aus meiner unmittelbaren Wohnnähe, zum Teil sogar aus meiner eigenen Straße gewählt. Dafür stelle ich nur einige Geschäfte vor, die mir innerhalb der letzten Jahre aufgefallen sind und die beispielhaft sind, <u>für Gedeihen oder Versagen</u> einer Selbständigkeit. Und ich habe öfter auch ein wenig hinter die Vorhänge gucken dürfen und mir so meine Gedanken gemacht, wieso es bei dem einen läuft und es bei anderen von Anbeginn an offenkundig ist, das es so nicht funktionieren kann mit dem ersehnten Erfolgsweg.

Alle die vorgestellten Beispiele sind nur kleinere Existenzen mit wenigen Angestellten, so wie die meisten Gründer sie ja in der Regel erst einmal für sich anstreben, resp. beginnen wollen. Machen Sie sich also selbst ein Bild.

<u>Sie werden sehen, dass durch alle diese Aktivitäten leicht erkennbar, immer der gleiche rote Faden läuft, der darüber entscheidet, ob die Aussicht auf Erfolg da ist und was dafür erforderlich ist.</u> Und auch die <u>Erfolgsverhinderer</u> sind leicht zu ermitteln, wenn man sie kennt und ihnen von Anbeginn keinen Platz einräumt auf dem Erfolgsweg, auf dem man ja alles richtig machen will. Schon unsere Vorfahren haben dafür eine passende Formulierung, die nicht an Aktualität verloren hat:<u> *„Gefahr erkannt – Gefahr gebannt!"*</u>

Ziehen Sie aus den „Beispielen von nebenan" Ihre eigenen Schlüsse und nutzen Sie die Rezepte des Erfolges! Denn die gibt es durchaus! Sie werden leicht erkennen: <u>Sie selbst sind der Meister/die Meisterin des Erfolges und bestimmen, wo es lang geht!</u>

Vor jedem Erfolg steht die Idee

Jede Idee trägt die Möglichkeit der Verwirklichung in sich

Vertrauen Sie Ihren Ideen. Wenn Sie eine Idee haben, auf deren Verwirklichung Sie hoffen, dann liegt es an Ihnen, dieser Idee Gestalt zu geben. Wie eine junge Pflanze will sie gehegt und gepflegt werden, wenn sie die Chance erhalten soll zu wachsen, zu gedeihen, damit sie Realität wird.

Ich kann mich noch gut an ein Gespräch mit meiner älteren Tochter erinnern. Ich trug ihr meine neuesten Ideen vor. Dabei schwärmte ich: „Stelle Dir doch mal vor, wie wir das machen. Das ginge dann so und so ...“
Nun muss ich erläutern, dass ich grundsätzlich von Ideen nur so übersprudele. Alle Augenblicke kommen mir dazu Gedanken. Für meine Mitmenschen mag solche Flut von Einfällen so manches Mal ziemlich schwer nachzuvollziehen sein, ja oft genug schwierig zu ertragen sein, vielleicht sogar bedrohlich wirken. Erst recht für meine eher vernunftbegabte, ältere Tochter. Sie ist besonders realistisch und mag lieber über Fakten, weniger über Träumereien debattieren. So bremste sie mich auch in meinem Überschwang und sagte leicht genervt: „Nun warte doch erst mal ab. Lass uns darüber reden, wenn es soweit ist.“

Dieses Gespräch kommt mir seither öfter in den Sinn. Schließlich war das für mich der Anlass, mir ernsthaft darüber Gedanken zu machen, wie die Reihenfolge denn idealerweise aussehen muss. Ist es denn wirklich sinnvoll abzuwarten, was sich so ergibt? Nee, so funktioniert das nicht. Zu dem Schluss bin ich gekommen. Ich weiß doch längst, wer solchen Prinzipien folgt, erreicht seine Ziele nicht, kann sie nicht erreichen. Er/sie weiß ja gar nicht wohin der Weg führen s o l l . Die Gesetzmäßigkeiten des Erfolges sehen ganz anders aus und folgen nahezu immer den gleichen Regeln. Und alles beginnt immer mit dem Wunsch, der Idee. Wenn Sie ein Ziel erreichen wollen, gehen Sie in sich und prüfen, ob Sie diese Stufen, die zum Erfolg führen, Punkt für Punkt erfüllen wollen.

Regeln, auf die Erfolg er-folgt
- Erst ist der bloße Gedanke da
- Daraus formt sich der Wunsch
- Aus dem Wunsch wird das Ziel, das genau definiert werden will
- Dieses Ziel benötigt ausreichende Energieversorgung, diese besteht aus Emotionen, ständigem Hindenken auf das Ziel, reden von dem Ziel, hin- und her kalkulieren, sich begeistern für die Idee
- Ein genaues Konzept, das ggf. immer wieder ergänzt oder angepasst wird
- Die unerschütterliche Zuversicht, die Gewißheit, das Ziel zu erreichen
- Standfestigkeit, die auch bei Rückschlägen niemals an Aufgeben denkt
- Tatkraft, Fleiß, Einsatzwille

„Wer niemals ruht, wer mit Herz und Blut auf Unmögliches sinnt, der gewinnt!"

Johann Wolfgang von Goethe

Wir dürfen unseren Wünschen, unseren Ideen ruhig trauen. Sie lassen sich ver- wirklichen – wenn wir das wirklich wollen. Es ist einfach Fakt, dass alles Geschehen erstmal mit einem Gedanken, einer Idee eben, beginnt. Die Phantasie konstruiert dann daraus die Wünsche. Aus diesen erwachsen Pläne, die zu Projekten werden.

Jeder innige Wunsch trägt grundsätzlich die Chance in sich, Erfüllung zu finden. Dafür heißt die Bedingung „innig", siehe Goethe (…Herz und Blut).

Also müssten sich nach dieser Gesetzmäßigkeit im Prinzip alle Wünsche auch erfüllen lassen!?
Ja, davon gehe ich aus. Ein Wunsch wird zur Wirklichkeit, wenn es einem ganz dolle ernst ist mit dem Wünschen.
Gemeint sind hier nicht die angedachten, die vielen kleinen Möglichkeiten, die einem so täglich in den Sinn kommen. Denn das „könnte, sollte, müsste, dürfte"

bringt grundsätzlich keine nennenswerten Ergebnisse. Hierbei geht es eher um vage „Wünschelchen", denen die feste Absicht für eine reale Umsetzung absolut fehlt. Also wieder nur mit „Herz und Blut", wie Goethe es formuliert.

Ausschlaggebend für die Wunscherfüllung dürfte demnach sein, <u>auf welche Weise</u> ein Wunsch vorgetragen und dann gehegt und gepflegt wird.

Das Unterbewusstsein hilft bei der Wunscherfüllung

Das Unterbewusstsein ist zu jeder Zeit bereit, die Gedanken „seines Menschen" zu verarbeiten, Geschehnisse zu koordinieren und Träume zu realisieren. Nun denkt das Gehirn pausenlos. Ein Meer von Gedanken gilt es zu sortieren. Aus diesem Grund werden auch durchaus konstruktive oder gar geniale Ideen oftmals einfach „abgelegt" und erfahren keine besondere Beachtung, wenn ihre Bedeutung von unserer Denkzentrale als „unwichtig" eingestuft wird. Der Wunsch, wenn er Erfüllung finden soll, muss als solcher vom Unterbewusstsein genau in seiner Wichtigkeit für den Wünschenden erkannt werden.

Wünsche müssen, ganz genau wie auch Befehle, eindrücklich und unmissverständlich formuliert sein, als klare Anweisungen quasi.

Es ist ganz so wie im „richtigen Leben". Dinge die man nur erwähnt, werden von den Menschen kaum wahrgenommen. Vom Unterbewusstsein eben auch nicht.
Erst wenn man nachdrücklich, möglichst auf unterschiedliche Weise und entsprechend bedeutsam erklärt, wie wichtig ein bestimmtes Anliegen ist, wird es wirklich ernst genommen und somit ausreichend *wahr*-genommen. Das eigene Unterbewusstsein *re*-agiert ganz genau so!.

Eine Idee ist nur der Same, der in die Erde gelegt wird

Von einem Baum fallen unzählige Früchte. Welcher davon geht auf, wird wiederum ein Baum? Nur der Same, der unter optimalen Bedingungen gedeihen kann, hat eine Chance, nicht als Futter für Tiere oder als Humus zu enden. Dafür müssen einige Faktoren zusammenkommen. Der erfolgreiche Samen braucht Wasser, Licht, Nährstoffe und auch eine große Portion Glück, will er wachsen und zur Pflanze werden. Ganz genauso geht es der Idee, aus der ein Ziel erwächst. Auch hier wird vom Gehirn nach Bedeutung selektiert. Nachdem dieses Ziel deutlich, aber so einfach wie möglich, formuliert wurde, bedarf es dann der sorgfältigen Pflege.

Dem Glück kann also grundsätzlich nachgeholfen werden!

„Gepflegte" Sorgen aber werden leider immer größer

Negativ-Beispiele kennen wir ebenfalls zur Genüge. Plagen uns Zweifel, Sorgen oder Ängste, denken wir unaufhörlich darüber nach. Statt kleiner zu werden, wachsen die Probleme, ja auch die Zweifel an unserem Tun, sich in unserer Vorstellung immer weiter aus, bis sie uns nahezu erdrücken und vorwärts-strebendes Handeln boykottieren. Wir „füttern" die Probleme mit kostbarer Energie, sodass sie zerstörerisch wirken können, uns kraftlos werden lassen und alle Zuversicht zunichte gemacht wird.

So kann es dann passieren, dass wir das Scheitern unserer Wünsche und Traume unwissentlich selbst verursachen, weil wir durch destruktives Denken die negativen Kräfte stärken.

„Gepflegte" Zuversicht hingegen wird immer stärker

So wie Sorgen gesteigert werden können, funktioniert es auch im Umkehrschluss, dann nämlich, wenn zuversichtliches Denken positives Erleben optimiert. Wer also Sorgen und Probleme hat, braucht erstmal eine ehrliche Analyse der aktuellen Situation. Die pragmatische Lösung beginnt damit, die Angelegenheit selbst-kritisch zu durchdenken. Erste Auswege können dann installiert werden. Das ganze Projekt muss sodann vertrauensvoll dem Unterbewusstsein übergeben werden, damit dieses weiter nach guten Möglichkeiten fahndet. Gedanken werden nun weiter in die positive Richtung gelenkt und seelische Kraft wächst.

Besonders wichtig ist es dafür, unermüdlich alle positiven Energien zu sammeln und die Sorgen bei jeder Gelegenheit in Zuversicht zu hüllen.

Was aber macht der gebeutelte Mensch stattdessen? Er handelt wider sein besseres Wissen. Er pumpt alle ihm zur Verfügung stehenden Ängste pausenlos in die Zweifel, von denen er erfüllt ist und verstärkt damit (unbewusst natürlich) die Ungewissheit und die Kraftlosigkeit. Er „pflegt" sie auf diese Weise und verhindert Gelingen der Pläne.
Dabei haben wir durchaus die Wahl! Tatsächlich stehen uns ungeheure Energie-kräfte zur Verfügung, die nur darauf warten, konstruktiv genutzt zu werden.

Weshalb entscheiden wir uns dennoch so oft für die Zweifel? Wir trauen dem Glück nicht. Wer jedoch bewusst lebt, denkt sorgfältig über sein Energie-Management nach und darüber, wohin die Gedanken-Ströme gelenkt werden sollen.

Glück und Erfolg ist für uns in großer Fülle vorhanden
Glück ist von der Schöpfung eigens für uns Lebewesen gemacht. Und wir finden es überall in den großen und kleinen Regelkreisen, die Leben ausmachen. Dabei geht es um Mechanismen, deren wir uns bedienen können, damit wir erfolgreich in jeder Lebenslage agieren dürfen.

Die Bereitschaft, auch Stolpersteine auf dem Weg zum Erfolg zu akzeptieren, gehört einfach dazu.

Daran nämlich wachsen wir, das trainiert unser Durchhaltevermögen und wir können als Sieger aus diesem Wettbewerb mit diesen „Trainingspartnern", denn genau als solche können die Hürden betrachtet werden, hervorgehen.

Dessen dürfen wir durchaus gewiss sein, das ist Gesetz (wenn wir uns denn mit den Bedingungen anfreunden).

Das Sieger-Gen

Wer hätte gedacht, dass dieses, das wundervollste aller Gene, a l l e n Menschen angeboren ist?

Von Haus aus ist dieses Gen tatsächlich a l l e n Menschen gegeben. Denken Sie nur an den Siegeswillen eines ganz kleinen Kindes. Jedes Kindes!!! Es müsste doch bei allen Versuchen, die Welt für sich zu erobern, verzweifeln, so mühsam ist jeder Anlauf, den es nehmen muss. Stattdessen probiert ein Kind alles immer wieder, bis es endlich kann, was es anstrebt und das sind Tonnen von Herausforderungen:

Laufen lernen
Das ist ein einziger Frust. Tausende (jawohl, tausende) von Malen probiert ein Kleinkind erst einmal zu sitzen, zu stehen um dann die ersten Schritte zu wagen. Und das kleine Kerlchen fällt dabei unzählige Male um. Und es steht wieder auf und stößt sich die Nase, den Kopf, schlägt sich die Knie blutig, weint - und versucht es dennoch immer wieder neu – bis es laufen, rennen und klettern kann.

Sprechen lernen
Auch das ist soooo mühevoll. Dennoch vergehen kaum 2 Jahre und aus dem ersten Gelalle ist eine komplette Sprache geworden. Denn ein Kind wird nicht müde, es ständig neu zu versuchen, Wörter zu wiederholen, bis es perfekt sprechen kann. Kennen Sie ein einziges Kind, dem das nicht gelungen ist?

Das wirklich Erstaunliche aber ist, dass es für die Kleinen auf dem mühsamen Wegen zum Erfolg keine Zweifel gibt.

Gelingen die vielen Versuche erst einmal nicht, oder nur unzulänglich, kommt es zu Beulen, zu Unfällen und zu Kauderwelsch in der Sprache. Dennoch wohnt im

Kind die absolute Gewissheit, dass es letztendlich gelingen wird, Bewegung und Sprache zu beherrschen und alle die Fertigkeiten zu lernen Niemand blickt erstaunt zurück auf die eigenen, tatsächlich riesigen Leistungen, die nötig waren, um solche gewaltigen Lern- und Trainingsstrecken zu bewältigen.

Auf das Sieger-Gen ist also Verlass! Bis, ja bis es von Zweifeln, Resignation und Befürchtungen unterwandert wird.

Wer seine Schicksalsstraße unachtsam geht, dem kann eine solche Siegesgewissheit auf dem Weg ins Leben leicht abhandenkommen.
Und die meisten Menschen vergessen tatsächlich, dass sie es ja gehabt haben, dieses Sieger-Gen, das alles, einfach alles gelingen lässt, was geplant wird.
Und in den späteren Jahren wird viel zu schnell aufgegeben, was nicht auf Anhieb mit Erfolg gekrönt ist? Leichtfertig behauptet der zweifelnde Mensch: „das kann ich nicht, das funktioniert nicht, das ist zu schwer für mich zu bewältigen!"
Kein Gedanke mehr an die grandiose Leistung, die dereinst in den ersten Lebensjahren so selbstverständlich gewesen waren. Aber gerade dann, wenn man meint, dass Aufgeben die einzige Option wäre, ist eine Innenschau angesagt. Jetzt ist Rückbesinnung auf Leistungen, zu denen man durchaus in der Lage ist, wichtig. Gerade dann, wenn Zweifel den Blick auf die eigene Kraft auf den Willen und die eigenen Möglichkeiten (vorübergehend) getrübt haben.

Man kann sie nämlich durchaus wieder zurück-erobern, wenn sie verloren ist, die Gewissheit nämlich, zum Sieger werden zu können.

Und dann sind allerlei Tricks und Techniken gefragt, um wieder zu der ursprünglichen Unschuld zurück zu kommen, die erneut Gewissheit für den Sieg über alle Wiederstände erblühen lässt. Ganz ähnlich verhält es sich übrigens auch mit den *körperlichen oder seelischen Selbstheilkräften*, wenn der Mensch erkrankt ist. Wenn in ihm die Sicherheit wohnt, dass der Kampf gegen die Krankheit gewonnen wird, ist es sehr wahrscheinlich, dass es ganz genau so geschieht.

Das Denken lenken…

Meditation heißt hier das Zauberwort und ist ein wichtiger Teil jedes Erfolgskonzeptes

Wir denken ununterbrochen. Ganze Überlegungen, Pläne, Erinnerungen, Bruchstücke, Eindrücke – alles fließt ohne Unterlass durch unser Hirn. Diese zu ordnen, Absichten, Ideen zu Handlungen, oder sogar zu Konzepten zu bündeln, das ist das Ziel.

Ich habe einmal über die Unternehmensphilosophie eines amerikanischen Hoteliers gelesen, die mich sehr beeindruckt hat und die mir sehr plausibel erscheint. Dieser Superreiche besitzt weltweit eine Reihe von überaus erfolgreichen Luxushotels. Er sorgt dafür, dass die Manager dieser seiner Hotels nicht unter Stressbedingungen arbeiten müssen. Vielmehr achtet er darauf, dass sie sich in etwa einem Viertel ihrer Arbeitszeit dem Müßiggang hingeben.

In den Phasen der Entspannung nämlich wachsen die guten Ideen und erblüht die Kreativität. Wer ausschließlich „ackert" wickelt nur ab, Wachstum kann dann nur mühsam erfolgen, bleibt leicht auf der Strecke.

Können wir denn wirklich selbst unsere Gedankenrichtung bestimmen? Ist es möglich, Gedanken ganz abzuschalten und einfach – nichts zu denken? Jawohl - Meditation und Gedankenleere sind Urlaub vom Zwang, denken zu müssen

Völlige Gedankenleere ist ein Ziel, das zunächst nicht leicht zu erreichen ist.

Ein besonders aktiver Mann, mit dem ich beruflich zu tun hatte, unterhielt sich einmal mit mir über seine Frau. Er wollte sie unbedingt einbinden in seine Karrierepläne. Er hätte ihrer beider Leben gerne aktiver gestaltet. Voller Elan sollten ehrgeizige Pläne angegangen werden. Ziele waren angepeilt und könnten, würden beide Ehepartner sich „ins Zeug legen", noch viel leichter und schneller Erfüllung finden.

Die Frau jedoch stand allen diesen Bestrebungen eher passiv gegenüber. Sie war eine besonders liebenswerte, eher stille Person, die mit ihrem Platz im Hintergrund zufrieden war.

Sie konnte gar nicht recht nachvollziehen, welche hochaktive Rolle ihr der Gatte auf den Leib gedacht hatte. Gerne „zog sie mit ihm mit", war angetan von allen seinen Ideen, ergänzte auch seine Bemühungen. Aber große Eigeninitiative konnte sie nicht aufbringen.

Dafür kochte sie wunderbar, fabrizierte herrliche Kuchen und duftende Vollkornbrote, Fladen und allerhand andere Leckereien.

War wenig Geld im Haus, begnügte sie sich damit und machte das Beste daraus. Hatte ihr Mann mal wieder hochfliegende Pläne, ließ sie ihn lächelnd gewähren.

Eine Initialzündung oder gar die Muse für seine kreativen Ideen konnte sie ihm nicht sein. Sie ruhte dafür in sich.

Ihn aber brachte ihr duldendes, eher bewahrendes Wesen schier zur Verzweiflung. Er beklagte sich:

Sie ist derart inaktiv, sie kann sogar dem Regen zusehen.

Hier hakte ich ein

„Dann ist Deine Frau sicher ein sehr ausgeglichener Mensch". „Ja, das ist sie in der Tat. Sie ist für meinen Geschmack eher zu ausgeglichen. Nichts bringt sie aus der Ruhe. Das macht mich gelegentlich zusätzlich aggressiv."

Ich musste lachen. „Entschuldige", sagte ich. Ich lachte wegen der Bilder, die sich vor meine Augen „drängten". Nun kannte ich meinen Gesprächspartner, den ich hier X. nennen möchte, schon geraume Zeit. Er war hypernervös und extrem ungeduldig. Kein Wunder, dass es zu Ausbrüchen oder Missverständnissen kommt, wenn zwei so verschiedene Welten, wie sie durch X. und seine Frau verkörpert sind, sich verbinden. So fragte ich mein Gegenüber, ob er schon mal daran gedacht hätte, dass das Schicksal ihm genau die Frau an die Seite gestellt hätte, die er bräuchte? Als Gegenpol sozusagen? Es wäre sicher nicht auszuhalten, wenn zwei so überaktive Leute wie er, den Alltag miteinander teilen müssten.

Ich selbst nämlich, finde es wunderbar und geradezu beneidenswert, wenn ein Mensch in aller Ruhe dem Regen zuschauen kann.

So forderte ich den empörten Ehemann auf, mit genau dieser Übung selbst zu mehr Gelassenheit zu kommen. Sich beim nächsten Regenguss ans Fenster zu stellen und sorgfältig den Regen zu beobachten.

Durch den gleichförmigen Anblick und Hinhören auf das natürliche Geräusch, stellt sich Ruhe ein.

Dies erreichen wir auch mit jedem anderen Blick in die Natur, wenn er mit entsprechender Gelassenheit in aller Ruhe genossen wird. Es glättet die Nerven, wenn man in der Stille des Waldes spazieren geht und bewusst Duft und Anblick von Bäumen, Gebüsch, Moos und dem Waldboden in sich aufnimmt. Es ist auch ungemein beruhigend, dem Spiel der Blätter im Wind zuzusehen.

Wichtig dabei ist, dass der Mensch ganz diesem Geschehen zugewandt ist. Das dieses förmlich aufgenommen wird von Körper, Geist und Seele.

Alle anderen Gedanken sollen dann ganz ausgeblendet sein. Für nichts ist mehr Raum, als für das, was mit den Sinnen – und nur mit den Sinnen, erlebt werden kann. Auf diese Weise wird das strapazierte Hirn beruhigt, Nerven glätten sich, die Seele heilt. Genau aus diesem Grund wird Menschen, die völlig überarbeitet sind, das Meditieren angeraten.

Die angespannten Nerven können sich wieder erholen und völlig regenerieren. Dabei bietet sich die Möglichkeit zu idealer Prävention, damit es zu dem gefürchteten Burnout, der völligen Überarbeitung also, gar nicht erst kommt.

Was ist Meditation eigentlich
Ich nenne hier zwei Beispiel-Versionen, die das Gehirn entlasten

A. Die Phantasiereise
Dabei lenkt der Meditierende seine Gedanken in eine bestimmte Richtung. Dafür kann eine komplette, aber unkomplizierte Geschichte mit einfachen Handlungen ausgedacht werden. Das Wesentliche dabei sind alle Details, die darin eine Rolle spielen und deutlich wahrgenommen werden. Das können angenehme Vorgänge sein, die sich in der mentalen Vorstellung abspielen. Vielfach vertieft man sich auch lediglich in die Vision, ziehenden Wolken zuzusehen, einem Vogelschwarm nachzuschauen oder der Brandung des Meeres intensiv zuzuhören. Je eintöniger die Vorstellungen sind, desto wirkungsvoller.

B. Die absolute Leere der Gedanken
Haben Sie schon einmal versucht, absolut nichts zu denken? Das ist gar nicht so leicht. Nichts jedoch macht den Menschen ruhiger, als wenn er seine Gedanken (vorübergehend) abschaltet.
Die Übung kann zunächst sein, sich *ohne zu denken*, den Geräuschen der Umwelt zu überlassen. Hinhören also, ohne über Einzelheiten nachzudenken. Was anfänglich nur für Augenblicke möglich scheint, gelingt mit einiger Geduld für immer längere Momente, ja Minuten und später über eine ganze Weile. Dann gelingt es auch, die Stille bewußt wahrzunehmen, der Stille praktisch z u z u h ö r e n.

Meine eigene, verstörende Meditationserfahrung

Eine meiner Freundinnen gehört einer indischen Religionsgemeinschaft an. Sie lud mich einmal zu einer Friedensveranstaltung ein. Dort erlebte ich eine geführte Meditation, die mich noch lange danach beschäftigte. Eine sehr schöne junge Inderin, die ein ausgezeichnetes Deutsch sprach, leitete diesen Event. Mit angenehmer Stimme forderte sie die Anwesenden auf, die Augen zu schließen und sich gänzlich von allen Sorgen, Nöten, Belastungen und Gedanken, zu lösen. Dafür sollte sich jeder von uns vorstellen, er wäre eine Perle. Sie beschrieb genau, wie diese Perle aussieht und wie sie sich fühlt. „Die Perle schwimmt ganz alleine auf der Meeresoberfläche und schaukelt glückselig auf den warmen Wellen. Auf der Wasseroberfläche schweben weiße Rosenblätter, von denen die kleine Perle umgeben ist. Sie fühlt sich absolut geborgen und völlig eins mit dem Element, in dem sie gaukelt und taucht, sich dreht und von den Wellen getragen wird."

Ich war wunschlos glücklich. Durchströmt von einzigartigem Wohlgefühl. Es gab nichts, außer mir, der Perle, dem Meer, dem Himmel und dem Glück

Ich mochte den Worten der Leiterin dann gar nicht folgen, als sie uns nach diesem wunderschönen Erleben wieder in die Realität zurückgeleitete.

Denn, das für mich Unfassbare war, dass ich mich innerhalb der Meditation als genau die Perle empfand, die ich sein sollte. Ich fühlte genau die absolute Glückseligkeit, die mir suggeriert wurde.

Noch gänzlich erfüllt von dem soeben Erlebten, fuhr ich heim. In mir tobten viele Fragezeichen. Genau hatte ich nicht verstanden, was mir da passiert war.

Brauchte nur jemand zu kommen und auf bestimmte Knöpfe zu drücken, schon hat er mich genau da, wo er mich hin haben will?

Liegt in solchen Mechanismen die Macht, die Sekten z. B. über ihre Jünger ausüben? Weshalb war es Menschen, wie beispielsweise Hitler, so mühelos gelungen, ein ganzes Volk zu betören, so dass es ihm folgte, wie dem Ratten-fänger von Hameln? Wie konnte ein fanatischer Religionsführer wie Osama bin Laden es bewerkstelligen, dass er jungen Menschen suggerierte, Selbstmord-anschläge wären eine heilige Handlung? Fragen stellten sich mir, die ich als be-ängstigend empfand.

Die Schlussfolgerung aber ist wohl unbestreitbar, dass Gedanken lenkbar sind. Worte können Gefühle erzeugen und ihnen die Richtung angeben. Sie folgen ihnen willig auf allen erdenklichen Wegen

Ich erkenne zunehmend solche faszinierenden Möglichkeiten. Jedoch bin ich mir durchaus auch die Gefahr bewusst, setzt man sich einem solchen Einfluss von anderen, starken Persönlichkeiten aus, die ihre innere Kraft vielleicht für ihre egoistischen Zwecke ausnutzen könnten.
Ich aber hatte mit der Perlen-Meditation und der dabei erlebten Suggestion, ja auch Manipulation, eine Variante der Hypnose kennengelernt.

Nein, fremd bestimmt wollte und will ich nicht sein. Zu jeder Zeit möchte ich über meine Gedanken, Gefühle und Wege selbst entscheiden.

So steht für mich heute fest, dass ich mich künftig einem solchen massiven mentalen Einfluss nicht mehr unvorbereitet aussetzen will. Zu sehr hatte mich die (fremde) Kraft erschreckt, die plötzlich von mir Besitz ergriffen hatte.
Aber, die Möglichkeiten, die Meditationen bieten, faszinieren mich seither. Dafür meditiere ich schon seit vielen Jahren nun regelmäßig in meinem stillen Kämmer-lein. Dafür setzte ich auf *Meditation* und unterscheide sorgsam von *Manipu-lation*. Ich bin ja ein aufgeregter, unruhiger Mensch, dem es gut tut, in bewusst arrangierten Entspannungspausen neue Kräfte für neue Pläne zu sammeln.
Anfänglich hatte ich Schwierigkeiten, mich entsprechend zu konzentrieren. Von

Übung zu Übung jedoch fällt es leichter, ganz loszulassen, damit Ruhe ins Gemüt einkehren kann.

Mit einer solchen Ruhe schaffe ich mir die Denk-Pausen, die ich benötige, um meine kreativen Energien wieder voll ausleben zu können.

So hilft Meditation
Ob *Gedankenleere* oder *Phantasiereisen*, beide Übungen sind Meditations-Varianten. In unserer heutigen hektischen Zeit ist es fast überlebensnotwendig, der Stille Platz in den unermüdlich ablaufenden Denkprozessen einzuräumen. Wir sind einer ungeheuren Reizüberflutung ausgesetzt. Von morgens bis abends tost, hupt, klingelt, dröhnt, rattert, summt, knallt, tuckert, bohrt, hämmert und donnert es um uns herum. Auch des Nachts müssen die meisten Menschen einen gewissen oder sogar heftigen Geräuschpegel ertragen. Die Nerven sind oft zum Zerreißen gespannt, die Aggressionen nehmen zu. Depressionen häufen sich. Erkrankungen, besonders chronische Krankheiten, sind nicht selten eine Folge des Ungleichgewichtes zwischen Spannung und Entspannung. *Zum Entspannen aber gehört die Gedankenstille oder aber die Vorstellung schöner, sanfter, beruhigender Bilder.* Das wirkt so, als würden gesträubte Haare glattgekämmt, Entzündungen gesalbt, oder in Unordnung geratenen Dinge fügen sich wieder aneinander.

Kann man Meditation erlernen?
Aber ja. Wie alles andere, kommt es auch hier einzig auf das Üben an. Geben Sie nicht auf, wenn Sie zunächst nicht abschalten können. Mit jedem Versuch gelingt es Ihnen leichter, „innere Einkehr zu halten". Sehr hilfreich dafür ist übrigens *Autogenes Training*. Dafür werden Kurse an der Volkshochschule oder in privaten Institutionen angeboten. Durch so ein Training wird das Loslassen trainiert. Das kann sich übrigens auch auf unliebsame Erinnerungen oder erlittene

Verluste oder Traumen beziehen. Mir selbst haben Auto-Suggestions-CDs sehr geholfen, meine Richtung zu finden, und mich von der Außenwelt gedanklich abzuschotten. Wichtig ist es, sich dafür einen ganz speziellen Platz einzurichten, an den man sich zurückziehen kann, wenn die eigene Ruhe gesucht wird. Das kann ein schöner Sessel sein zum Zurücklehnen, oder aber auch die Liege, auf der man, vom Alltag losgelöst, ruhen kann. Eine leichte Decke zum Wärmen kann bereit liegen. Leise, ruhige Musik hilft ebenfalls, die Gedanken in die Wolken zu entlassen und ihnen entspannt nachzuschauen. Alleine das immer wiederkehrende Ritual, wenn man diesen Ruheplatz einnimmt, läutet das Abschalten schon ein.

Es macht glücklich, Gedanken öfter aus dem Kopf zu fegen, und sich nur auf seine Sinne zu konzentrieren.

Legen Sie also immer mal eine DENKPAUSE ein! <u>Auch in der heißesten Stress-Situation.</u> Das ist vergleichbar mit dem Halt an einer Tankstelle, an der die leeren Batterien wieder aufgefüllt werden. Und genau darum geht es. Wenn wir nicht nachfüllen mit „Kraftstoff", läuft der Motor heiß und gibt letztendlich seinen Geist ganz auf. Die Folge ist, dass wir uns zunehmend ausgelaugt, kraftlos und auch mutlos fühlen. Wir verlassen damit unweigerlich den Erfolgsweg.

Unser „Kraftstoff" sind gute Nerven und ein stabiles Gemüt.

Nur, wenn wir uns immer wieder die Muße schaffen, um in Ruhe Probleme und Projekte zu durchdenken und zu analysieren, ist es möglich, Gedanken kraftvoll zu lenken und die eigene Kreativität wieder neu in unsere Pläne einzubinden. Denken Sie also bitte daran:
<u>„Wer keine Zeit hat, seine Gedanken bewusst zu lenken und dadurch Kreativität aufzubauen, wickelt bloß ab, erledigt nur die Routine des Alltags!". Auf diese Weise aber wird der angestrebte, der ersehnte Erfolg – AUSGEBREMST!</u>

Die absolute Gewissheit, siegreich zu sein, ist erlernbar

Dafür empfehle ich Methoden der Selbstsuggestion, die täglich angewendet, befreiend für Körper und Seele wirken können.

MERIDIANKLOPFEN

Diese einfach anzuwendende Selbsthilfemethode hilft dabei, Blockierungen aufzulösen, die sich im Laufe eines Lebens als fest determinierte Glaubenssätze ins Unterbewusstsein gebrannt haben. Mit Hilfe vom Beklopfen bestimmter Akupunkturpunkte kann es gelingen, die hemmenden oder auch zerstörerischen Funktionen solcher Glaubenssätze zu verabschieden. Diese sind oftmals verursacht, weil negative Geschehen aus der Vergangenheit erinnerlich sind, weil traumatische Erlebnisse noch immer den Alltag überschatten, weil Zurückweisungen, Kritiken, Ungerechtigkeiten und Betrug, oder auch Misserfolg schmerzhafte Prägungen verursacht haben, die jede freie Entfaltung boykottieren.
Solche Glaubenssätze, die als Prägungen wirken, gilt es auszulöschen, um den Weg für siegreiches Handeln frei zu machen.

Eine einfache Version des Meridianklopfens ist das *Thymusklopfen*. Mit der leichten Faust oder den gebündelten Fingerspitzen können auf diese Weise dem Unterbewusstsein Affirmationen eingeprägt werden. Diese Methode ist der katholischen Kirche schon seit Jahrhunderten bekannt. Sie ist dort im negativen Sinn verwendet worden, um das Kirchenvolk willfährig zu halten: *„mea culpa, mea maxima culpa" (meine Schuld, meine größte Schuld")* und kann von uns stattdessen nun zu unserem Wohl genutzt werden.
Aus der Technik des Meridianklopfens, ist von dem Amerikaner *Dr. Larry Nims*, das *BSFF – Be Set Free Fast* entwickelt worden. Einfaches Halten der Thymusregion (Brustbein, oberes Drittel) hilft dabei, den direkten Kontakt mit dem Unterbewusstsein aufzunehmen und es für die eigenen Belange einzuspannen. In

meinem RATGEBER-Buch „MERIDIANKLOPFEN Raus mit der Angst aus Deinem Leben, habe ich die Methode für die Selbsthilfe erklärDas genaue *Wer sein Ziel nicht kennt, kann den Weg nicht finden!* „Welchen Weg soll ich denn einschlagen, wenn ich nicht weiß, wo ich ankommen will?" Natürlich kann man losmarschieren und es dem Zufall über-lassen, wo man landet. Das aber können sich nur die Menschen leisten, die viel Zeit haben, und denen es egal ist, wohin der Wind sie treibt. Wer aber eine Existenz gründen will oder seine berufliche Zukunft plant, der muss genau wissen, wohin der Weg ihn führen soll. Die einzelnen Schritte für diesen Erfolgsweg müssen dann festgelegt werden. Freilich türmen sich auf diesem Weg oft völlig unerwartete Hürden auf. Das aber darf nie der Grund sein, das Ziel aus dem Blickfeld zu verlieren. Hürden und Stolpersteine machen allenfalls erforderlich, dass ein paar Umwege eingeschlagen werden müssen.

Schicksalhafte Geschehnisse erschweren es gelegentlich, eine Erfolgsplanung konsequent durchzuführen, das jedoch darf nicht entmutigen!

Da spielt vielleicht die derzeitige Wirtschaftslage des Landes eine Rolle, oder dass sich der Zeitgeist verändert hat. Ebenso macht unerwartete Konkurrenz plötzlich zu schaffen. Aber auch die persönlichen Voraussetzungen wollen bedacht sein.
Und – wenn der Planende nicht die nötige Durchsetzungskraft aufbringt, die erforderlich ist, um sich auf dem Markt durchzusetzen, was dann?
Jeder Mensch hat andere Talente und auch Schwächen, die bei einer ehrlichen Analyse der Gegebenheiten berücksichtigt werden müssen. So ist auch eine ungeschminkte Einschätzung der eigenen aktuellen Möglichkeiten unumgänglich.

Es ist von diversen Faktoren abhängig, ob und wieviel Erfolg erreicht wird.

Und oft ist es nötig, sich immer wieder aufs Neue auf unerwartete Herausforderungen einzustellen. Für jede solcher Situationen ist dann das eigene Durchhaltevermögen oder eine Richtungs-Korrektur gefragt. Wie das gehen kann, zeigen die zwei Beispiele, die ja jeder kennt. Es geht um **Dieter Bohlen** und **Gerhard Schröder**, die sich beide von Rückschlägen (und davon gab es bei ihnen reichlich) nicht von ihren (hoch gesteckten) Zielen haben abbringen lassen. Und das haben sie über Jahre, ja Jahrzehnte nicht (Siehe Artikel „Sei der Baumeister Deines Erfolges") aus den Augen verloren.

Hinfallen und immer wieder aufstehen – das ist das Erfolgsgeheimnis aller Erfolgreichen !

Konzepte braucht jeder für j e d e n Plan: Es sind ja nicht nur die großen Ziele, die eines guten Konzeptes bedürfen. Das Prinzip lässt sich auf fast alle Lebenslagen übertragen. Wenn ich vorhabe, eines Tages ein Haus zu bauen, dann muss ich mir einen Plan machen und überlegen, wie mein Haus aussehen soll, wie groß es werden soll, wie man es ausstatten will und wie es finanziert werden soll.

Nur wenn ich mir vor meinem geistigen Auge in allen Einzelheiten ausmale, was ich mir wünsche, kann ich *darauf hindenken* und es ständig mit meiner gedanklichen Energie versorgen.

Je intensiver ich meine Fantasie mit meinem Wunsch beschäftige desto näher komme ich der Erfüllung meines Zieles. Dann aber gilt es, meine Planung mit Leben zu erfüllen. Alle Stationen lege ich dafür fest, versehe sie mit der nötigen Tatkraft. Fleiß ist dafür die erforderliche Antriebskraft.
Solch eine Vorgehensweise lässt sich bei allen anderen Lebensthemen anwenden, ob es um die Berufswünsche geht, um Anschaffungen, um das Realisieren von Hobbies, um Urlaubsziele oder Weiterbildungen, ja sogar bei Familienplanungen.

Ein gutes Konzept ist wie ein Geländer, auf das man sich immer wieder stützen kann und das einen sicher zum angestrebten Ziel geleitet.
Wenn – ja wenn man sich auf dem Weg dorthin durch NICHTS beirren lässt!

Meine Einstellung zu Geld

Geld scheint eine launische Diva zu sein. Den einen mag sie verwöhnen und mit Glanz überschütten, den anderen aber meidet sie, entzieht sich gnadenlos. Und hartnäckige Verfolger werden erst recht eilig abgeschüttelt.

Jeder hätte es gerne, das Geld oder sogar viel Geld, aber will er es auch wirklich? Die persönliche Beziehung zum Geld scheint mir der ausschlaggebende Punkt dafür zu sein, ob es sich einstellt, ob es bleiben mag oder ob es gar rasch wieder dahinschmilzt wie Schnee in der Sonne.

„Wie gewonnen, so zerronnen." So sagt der Volksmund. Gemeint ist damit, dass leicht verdientes Geld nicht von Dauer sein kann.

Nach allen meinen Studien und nach meinen persönlichen Beobachtungen jedoch konnte ich ausmachen, dass die große Mühe, die dem Geldfluss üblicherweise vorgeschaltet wird, auch der andauernden (und engagierten) Aufmerksamkeit bedarf, um den erworbenen Geldsegen festhalten zu können. Das Geldverdienen, wie auch das das Bewahren eines Vermögens, folgt also bestimmten Regeln. Dazu gehört die Achtsamkeit für das Geld und ebenso auch „ein leichte Hand", ohne die Neigung zu krampfhaftem Festhalten.

.

Den Verbissenen, auf gefahrlose Sicherheit Bedachten, fällt das Eine wie das Andere schwer.

Immer aber konnte ich beobachten, dass Geld seine eigene Dynamik hat. Und seine Neigungen. Diese zu berücksichtigen, ist ratsam.

Vor dem Schreiben dieses Artikels habe ich einmal verschiedene Personen befragt, wie sie denn das Geld sehen würden, mit welcher Farbe sie z. B. Geld verbinden würden.

Diesen Eindruck von Geld haben die Befragten:

Die Farbe des Geldes
- Ich sehe das Geld immer grün, wie Dollar eben
- Ich denke an gelb und verbinde damit Goldtaler
- Für mich ist Geld schmutzig-grau
- Ein wenig grüngelb, wie Galle sehe ich es
- Braun wie Dreck ist Geld für mich
- Undefinierbare Farbe, etwas speckig, klebrig
- Rot-lila, wie die Hölle
- Schwarz, ich sehe eine schwarze Geldtasche
- Geld? Ich habe nur Kreditkarten und die stelle ich mir auch vor
- Eine Handvoll verschiedener Münzen
- Ein Goldtalerberg und Dagobert Duck sitzt oben drauf
- Blaue Scheine in einer Klammer
- Eine Geldrolle mit einem Gummiband umwickelt

Nach der persönlichen Assoziation befragt, antworten mir die Probanden:

Die Bedeutung des Geldes
- Mit Geld möchte ich so wenig wie möglich zu tun haben
- Geld ist halt ein notwendiges Übel
- Mit Geld kann man sich allerhand leisten
- Geld gehört auch zum Glücklichsein
- Geld vermittelt Sicherheit
- Mit Geld verbinde ich etwas Schmuddeliges
- Ich glaube immer, mich für Geld und Wohlstand rechtfertigen zu müssen
- Es ist schwer vorstellbar, daß viel Geld rechtmäßig erworben werden kann
- Geld hat für mich auch immer den Beigeschmack der Sünde
- Wer ehrlich arbeitet, kommt nicht wirklich zu Geld
- Wegen Geld gibt es viele Verbrechen
- Geld zieht Diebe an

Merken Sie was? Geld ist in der Vorstellung vieler Leute vorwiegend schmutzig, schmierig, sündig, giftig, kriminell, trübsinnig, unmoralisch und sündhaft. Fast jeder will sich eigentlich distanzieren. Es wird zwar zugegeben, dass Geld gebraucht wird, aber man hat es eher notgedrungen.

Der neutrale Umgang mit Kreditkarten zeigt besonders die Diskrepanz zwischen Wunsch und Abscheu. Man meidet den direkten Umgang und bedient sich eines neutralen „Geldersatzes".

Es ist schon erstaunlich, wie zwiegespalten die meisten Menschen dem Begriff „Geld" gegenüberstehen. Dennoch besteht kein Zweifel daran, daß fast jeder gerne mehr Geld oder sogar gerne viel Geld hätte. Dabei soll Geld doch eigentlich gar nicht glücklich machen, oder? Auf jeden Fall aber beruhigt es ungemein!? Auch das ist so ein geflügeltes Wort, das zu reichlich Missverständnissen führt, wie ich es oftmals gehört habe. Eine ziemlich reiche Freundin beispielsweise, hat einmal, als sie heftigen Liebeskummer hatte, zu mir gesagt: „Mit Geld weint es sich leichter". Das will ich wohl meinen! Und es weint sich mit Geld nicht nur leichter, es lebt sich auch leichter! Da habe ich nicht den geringsten Zweifel..

Ich möchte sogar so weit gehen, zu behaupten, dass es in erster Linie von der eigenen Einstellung zum Geld abhängt, wie verfügbar es für einen selbst wird.

Geld ist der Urbegriff des Materiellen
Nachdem sich Materie durch Energie beeinflussen lässt, dafür gibt es viele Beispiele und Beweise, ist der *richtige* Umgang mit unserem Zahlungsmittel zweifelsfrei die Ursache von üppigem oder eher mickrigem Geldfluss je nachdem, wie die eigene Erwartungshaltung aussieht und wie ***energ(et)isch*** man es für die eigenen Pläne einsetzt. *Geld will hofiert werden, das weiß ich inzwischen!*

Heute achte ich sorgsam darauf, dass ich respektvoll mit meinem Geld umgehe. Früher lag es schon mal achtlos in meiner Einkaufstasche oder ich trug einfach ein paar lose Scheine in meiner Jackentasche oder sogar gelegentlich in der Hosentasche.

Heute bewahre ich meine Scheinchen in einer schönen Brieftasche auf, das Kleingeld gehört in meine hübsche Börse.Kreditkarten finde ich sehr unpersönlich, ich benutze sie nur, wenn das unumgänglich ist. Besser ist es, eine liebevolle Beziehung zu meinem Geld zu pflegen. Und liebevoll darf sie, soll sie durchaus sein, diese Beziehung. Schließlich hatte ich ihm viel zu verdanken.

Geld ist der unmittelbarere Ausdruck des Erfolges - Geld ist die Belohnungswährung für fleißigen und klugen Einsatz - Geld ermöglicht ein gutes Leben - Geld trainiert seinen Besitzer - Geld hilft beim Sparen, Planen - Geld finanziert Projekt - Geld erfüllt Wünsche - Geld übt laufend den angemessenen Umgang mit den zur Verfügung stehenden Mitteln ein - Geld hilft dabei, Grenzen zu erkennen - <u>Geld erzieht auch. Ja, das auch!</u>

Eindrucksvoll wird meine These durch ein Erlebnis bestätigt

Ich bin befreundet mit einer sehr erfolgreichen Heilpraktikerin und Geistheilerin. Diese ist eine energievolle und attraktive Frau von über 60 Jahren. Ihre Praxis läuft hervorragend, das Wartezimmer ist übervoll. Meine Bekannte arbeitet praktisch Tag und Nacht. Ihr Ruf als Naturheilkundige wächst täglich.

So gesehen läuft alles wunderbar. Nur – finanzielle Erfolge wollten sich bisher einfach nicht so recht einstellen. Sorgenvoll wird mir von dieser Heilpraktikerin viel mehr berichtet, daß die Kreditsumme bei ihrer Hausbank laufend aufgestockt werden müsse. Trotz hoher Einnahmen komme sie auf keinen grünen Zweig. Sie hätte weitaus besser dagestanden, als sie in einer anderen Praxis nur assistierte und noch nicht selbständig war. Auch ich konnte mir die Diskrepanz zwischen Praxisumsatz und Praxisertrag erst einmal nicht erklären. Bis wir dann nach ehrlicher und eingehender Analyse sogar mehrere Punkte gemeinsam heraus-fanden, die die Rentabilität ihrer Bemühungen regelrecht boykottierten.

Die Einstellung meiner Heilpraktikerin-Freundin zu Geld war mit Sicherheit die Hauptursache für ihren ständigen Geld-Mangel.

Eigentlich hatte sie die Grundhaltung, für ihre Patienten kostenlos arbeiten zu müssen, weil sie ja einen sozial geprägten Beruf ausübe. Entsprechend waren ihre Honorarforderungen. So wurden auch viele Patienten danach gefragt, was sie denn zahlen könnten. Genau diese Summe durften sie dann in eine bereitstehende Kristallschale legen. Sie wollte also das Geld nicht einmal selbst anfassen. Wenn jemand kein Geld dabei hatte, konnte später gezahlt werden oder die Gebühr wurde einfach erlassen. Mahnungen gab es nie. Meine Frau X d i s t a n z i e r t e sich selbst durch ihr Verhalten von einer Honorarforderung. Tatsächlich war es ihr peinlich, Geld für eine, wie sie fand, soziale Leistung wie das Heilen zu nehmen. Ihr war überhaupt auch nicht klar, dass sie mit ihrer Haltung auch ihre Leistung entwertete. *Dabei kennt sie eigentlich die energetischen Mechanismen ganz genau.* Entsprechend verhielt sich dann das Geld. Derart ignoriert, wollte es auch nicht bleiben. Sie meinen, das sei lächerlich? Das Geld hätte doch keine Gefühle und könne somit auch nicht beleidigt sein, wenn es keine Anerkennung erführe? Nun, da bin ich ganz anderer Auffassung. Ich WEISS, dass alles was wir tun, alle Systeme, denen wir angeschlossen sind, aus Aktionen und Reaktionen bestehen. und darin eingeschlossen sind ebenfalls die feinstofflichen Zusammenhänge, die zu dieser Vernetzung gehören. Auch Materie besteht ja aus schwingenden Teilchen, die durch Energieeinwirkungen beeinflussbar sind. Und kraftvolle Gedanken sind zweifelsfrei machtvolle Energie, die auch auf Materie wirkt.

In der Forschung sind Roboter, die auf bloße Gedankenkraft reagieren, längst eindrucksvolle Realität.

Wer wachen Auges durch sein Leben geht, nimmt solche Zusammenhänge wahr, erlebt sie laufend und hält sie nicht für bloße Zufälle. So gab es im Leben unserer Freundin auch immer wieder völlig überraschende Geldausgaben, Steuernachzahlungen, Wasserschäden, Reparaturen und Ähnliches, die jede Finanzplanung zunichtemachten. Ich hielt meiner Bekannten also einen eindringlichen Vortrag über die Wertschätzung, die sie sich und ihren Leistungen schuldig ist. Aber auch die Achtung vor den Patienten erfordert eine sorgfältige und dankbare <u>Entgegennahme</u> des angemessenen Honorars. Auch daraus erwächst Vertrauen in die Leistung, die sie für die Gesundheit ihrer Klienten erbracht hat. Und letztendlich erläuterte ich meiner Freundin, wie der Umgang mit Geld aussehen sollte. <u>Bevor die eigene (oftmals gestörte) Einstellung zu Geld nicht geklärt und positiv gewandelt ist, kommt es zu keiner einverständlichen Symbiose, zwischen Leistung und Geld. Geldverdienen wird mühsam.</u>
Geld will gut behandelt werden. Es mag nicht befrachtet sein mit Geiz und Knauserigkeit, nicht mit Angst, Sorgen, Neid und Missgunst, dafür schätzt es Zuneigung, Dankbarkeit und Großzügigkeit. So wie wir uns dem Geld gegenüber verhalten, so wird es von uns erlebt. Meine Heilpraktikerfreundin hat über das Thema viel nachgedacht. Sie weiß heute, dass es vor allem ihre eigene Einstellung zu Geld und Geldverdienen war, die es verhinderte, dass sie angemessen verdiente. Heute gelingt es ihr viel besser, finanziell auf „einen grünen Zweig" zu kommen und sie lernt täglich dazu.

> *Geld mag sich nur dann vermehren, wenn es sich wohlfühlt. Das ist so, wie im richtigen Leben auch. Denn je nach Betrachtung kann Geld goldgelb sein und somit die Farbe von Wohlergehen, Sonne, Erfolg und Sieg haben. Eine schöne Vorstellung, wie ich finde.*

Versöhnung mit dem Begriff „Verkaufen"

Alles was man vorhat, gelingt nur dann, wenn gute Überzeugungsarbeit geleistet wird.

Selbständigkeit hat mich immer fasziniert. So habe ich schon mit Anfang 20 meine ersten Versuche in Sachen „eigenes Geschäft" unternommen und bin damit, wie sollte es anders sein, tüchtig auf die Nase gefallen. Und das mehr als einmal.

Erst sehr viel später als ich schon meine beiden älteren Kinder hatte, bekam ich die Gelegenheit, einige Jahre in einem <u>amerikanischen Vertrieb</u> den Direktverkauf zu erlernen. Damit tat sich für mich eine neue Welt auf und ich begann zu verstehen, was „Verkaufen" im eigentlichen Sinn eigentlich bedeutet, obwohl dieser Begriff hier in Deutschland eher mit einem negativen Image belegt ist.

In Wahrheit ist <u>Verkaufen-können</u> eine Kunst, die, wenn man sie beherrscht, erlaubt, zum Meister seines eigenen Lebens zu werden und selbst zu bestimmen, wie erfolgreich jedwedes Tun gelingt.

Und damit ist keineswegs gemeint, dass man befähigt ist, schräge Produkte an den Mann zu bringen, sie zu verhökern, das Meiste dabei herauszuschlagen, den Handelspartner zu überlisten, „übers Ohr zu hauen" oder andere unlautere Mittel einzusetzen. Vielmehr geht es um engagierte Überzeugungsarbeit, wenn man von den eigenen Angeboten selbst auch ehrlich überzeugt ist. <u>Und nur dann!</u>

Von alters her ist die Rede vom ehrbaren Kaufmann. Es ist also Charaktersache, wie man seinen Beruf, der immer auch Berufung sein sollte, ausübt.

Ein berufliches Ziel, hier die angestrebte Selbständigkeit, soll immer auch eine Herzensangelegenheit sein. Nur dann kann man Kunden, Klienten, Patienten von der Qualität der Angebote überzeugen. Dafür ein kleines Beispiel aus meinem eigenen Erleben, meiner eigenen Familie, das mich nachhaltig beeindruckt hat: Mein Sohn hatte in seiner Teenagerzeit keine Idee von seiner beruflichen Zukunft. Eigentlich hatte er überhaupt keine Lust auf irgendeine Berufswahl.

Ich war dann einmal Zeuge eines Gespräches, das sein Vater mit ihm führte. Der hatte ihm einige Berufsvorschläge gemachte, die allesamt von unserem Sprössling verworfen worden waren. Und dann sagte mein damaliger Ehemann einen Satz, den ich nie mehr aus dem Gedächtnis verloren habe und den ich selbst später oft in meinen Erfolgsseminaren zitiert habe:

„Aber Du musst doch eine berufliche Entscheidung treffen. Es sei denn, Du lernst es, zu verkaufen. Wenn Du nämlich verkaufen kannst, gehört Dir die Welt und Du kannst alle Türen für Dich öffnen!"

Dieser kleine, schlichte Satz trifft es genau!

Jeder lebt vom Verkauf von irgendwas. Und jede Erfolgsabsicht, die Du hast, jeder Plan den Du generieren willst, jeder Wunsch den Du hegst, findet nur dann Erfüllung, wenn er gekoppelt ist, an geschicktes „Verkaufen".

Was aber ist das Geheimnis von gutem Verkaufen? Dazu gehört eine seriöse Werbung. Denn Werbung ist bereits ein Teil des Verkaufens. Seriös bedeutet nun nicht, dass ich mich bescheiden graumäusig im Hintergrund halte, sondern dass ich mich selbstbewusst präsentiere. Und es gehört auch dazu, dass ich nicht nebulös um mein Thema „herumeiere", sondern meinen Gesprächspartnern unmissverständlich sage, was genau meine Absicht ist und dass ich sie für mein Produkt oder meine Dienstleistung, auf die ich stolz bin, interessieren will.

Ich möchte Ihnen ein Beispiel für völlig falsch verstandene Zurückhaltung, und unangemessene Bescheidenheit erzählen. Ich habe eine Bekannte, die nunmehr mit Mitte 50 dabei ist zu erlernen, als Schauspielerin Werbung in eigener Sache zu machen. Sie ist eine wunderschöne Frau, bei deren Kennenlernen man sich sofort die Frage stellt, wieso sie nicht zu den bekanntesten Darstellerinnen des Landes zählt. Sie hatte durchaus auch immer mal wieder Rollen in kleinen oder auch größeren Filmprojekten und spielte gelegentlich Theater. Dafür erhielt sie dann auch jedes Mal beachtliche Kritiken. Das aber war es schon. Wenn Film- oder Theaterschaffende ein Stück besetzen wollten, dachte man selten an sie. Niemand „hatte sie wirklich auf seinem Schirm". Kaum jemand kennt sie, hat je von ihr gehört. Sie ist immer bescheiden im Hintergrund geblieben und hat es eher vermieden, sich in der Öffentlichkeit zu präsentieren. So hatte ich sie vor vielen Jahren schon mal gefragt, weshalb sie denn nicht zu den großen Veranstaltungen, wie den Filmbällen ginge, dort würden sicherlich doch auch Kontakte geknüpft zu Regisseuren und Produzenten und man könne sich auf dem Roten Teppich dem Publikum zeigen. Ihre Antwort war, dass sie es peinlich fände, sich so „anzubiedern". Unverständlich fand ich eine solche Aussage von einer Person zu hören, deren Ziel es ist, vor der Öffentlichkeit aufzutreten, nicht wahr?

Passenderweise gibt es dafür den wunderbaren (uralten) Spruch: „Klappern gehört zum Handwerk!" Ohne das Klappern erregt man keine Aufmerksamkeit.

Und diese schlaue Aussage unserer Vorfahren gilt sogar für jeden Beruf, jeder Art von Selbständigkeit sowieso, besonders natürlich für die darstellenden Künste.
Nun verhalf ich kürzlich dieser meiner Schauspielerfreundin zu Einsichten, die ein völliges Umdenken zum Thema Eigenwerbung bei ihr zur Folge hatte.
Um ihre Karriere ein wenig in Schwung zu bringen, drehten wir eine Reihe von kleinen Filmchen, die wir bei *Youtube* hochluden. Das ging ruckzuck und sie war erstaunt, wie unkompliziert (und kostenlos) auf diese Art Werbung zu machen ist. Sie wollte dabei jedoch, wie es ihre Art ist, am Schluss dezent im Hintergrund verschwinden. Ich jedoch, die ihr diesen Freundschaftsdienst ja nicht erwiesen hatte, um sie zu verstecken und weil ich ein Freizeitproblem habe, sondern weil

ich damit ganz eindeutige Marketingabsichten verfolgte. Nun aber musste ich wieder riesige Überzeugungsarbeit leisten, damit diese nicht wie gewohnt unterwandert wurden. Mein Vorschlag nämlich war, am Schluss die Zuschauer ***deutlich darum zu bitten***, einen Hinweis auf den Film an Freunde und Bekannte weiterzugeben. Also kurz gesagt, man würde sich über TEILEN freuen. Und dann am Ende sollte noch einmal charmant gesprochen aber auch wieder ganz deutlich und nachdrücklich der Satz fallen: „und bitte das Teilen nicht vergessen!" Das zu sagen ist meiner Freundin unsagbar schwer gefallen. Sie äußerte dann: „das hört sich ja so an, als hätten wir das nötig!" „Jawohl, sagte ich, das haben wir auch!" Übrigens habe ich solch einen unterirdischen Einwand dann nie wieder von ihr gehört. Vielmehr ist sie heute glücklich darüber, dass einer der Filmchen innerhalb eines Jahres fast 30.000 Besucher zählte. Seither bemüht sich meine Schauspielerfreundin darum, über ihren eigenen Schatten zu springen und verläßt zunehmend ihre unangebrachte Zurückhaltung in eigener Sache. Ich höre von ihr nicht mehr das Argument, dass es in ihrem Alter fast unmöglich sei, Rollen-angebote zu erhalten. Auch hier versuche ich mein Bestes, um sie mental aufzu-rüsten. Sie beginnt zu begreifen, dass es ihr genau so geschieht, wie es in innerster Seele ihre Überzeugung ist. Auch bei Künstlern spielt das Thema „Verkaufen" eine entscheidende Rolle. Dabei spreche ich nicht von den seltenen Stars, die über ein umtriebiges Management verfügen, die das „Verkaufen" für sie erledigen.

Bitte lesen Sie dazu in meinem RATGEBER *„erfolgreich reden!"* nach, wie wichtig es ist, in allen Lebenslagen, in Vorträgen, die Sie halten wollen, in privaten Auseinandersetzungen, auch in Beratungsgesprächen, einen strategisch geschickten Aufbau der REDE zu planen. Dafür schlage ich eine Standard-Dramaturgie vor, die sehr hilfreich ist. Sie bietet ein sicheres Geländer, mit dem man den „roten Faden" des Gespräches nicht verliert. Überall dort, wo Über-zeugungsarbeit geleistet wird, geht es in Wahrheit ja um VERKAUFEN!

Das Gesetz der Zahl

Zahlen bestimmen den Erfolg in unserem Leben und das auf allen Ebenen.

Wie kann das denn sein? Zahlen sind doch eher nüchtern. Sind es nicht eher nur die Buchhalterseelen, die ein Vergnügen am Umgang mit Zahlen haben? Und nun sollen Zahlen sogar einen unmittelbaren Einfluss auf unser aller Leben haben und dann auch noch für die geschäftlichen Erfolge eine entscheidende Rolle spielen?

Alles Leben auf Erden soll ja das Ergebnis von mathematischen Formeln sein, davon ist beispielsweise der berühmte Physiker *Stephen Hawkins* überzeugt und „beweist" diese These in einer Reihe seiner Studien. Vielfach wird er dafür als Ketzer angeprangert und der Entmystifizierung der Schöpfung beschuldigt. Jedoch, nach seinen Ausführungen scheint es schlüssig, dass alles Leben auf bestimmte Gesetzmäßigkeiten erfolgt, Zahlen und Formeln eben.

Der Wissenschaft ist längst klar, dass Schöpfung berechenbar ist. Welchen Berechnungen allerdings alles Leben folgt, wird auch den wissensdurstigen Forschern sicher noch lange oder gar für immer ein unlösbares Rätsel bleiben.

Diese Komplexität solcher genialen Zusammenhänge, das sind die wirklichen Wunder der Schöpfung.

Ich möchte mich heute eher mit weniger bedeutenden Beispielen aus dem Alltag befassen. Es gibt genügend Begebenheiten, auch eigene Erfahrungen, die belegen, dass alle Abläufe, die unser tägliches Leben begleiten, von Zahlen bestimmt sind.

Besonders der Begriff „Erfolg" hat mit Zahlen zu tun. Denn Erfolg er-folgt nicht nur auf Grund einer tragfähigen Idee, sondern auch auf eine bestimmte Anzahl von Bemühungen.

Verkaufserfolge: Aus den Verkaufsstrategien in der Wirtschaft ist bekannt, dass gute Verkäufer genau wissen, dass es auf die Anzahl ihrer Einsätze ankommt, wenn ein Soll-Ziel angestrebt wird. Ein Versicherungsvertreter sagte mir einmal, dass er durchschnittlich genau einen Abschluss bei jeweils 5 Beratungsgesprächen habe. Diese Schlussfolgerung ergäbe sich aus langfristiger Erfahrung. <u>Er könne also seinen Erfolg im Voraus berechnen.</u> Freilich häuften sich manchmal die Absagen. Dafür könne er dann zu anderen Zeiten mehrere Aufträge hintereinander verbuchen. Schon lange mache er sich keine Sorgen mehr über seine Quote. <u>Er vertraue hier einfach auf das Gesetz der Zahl.</u>

In der Werbung: Hier kann <u>vor</u> dem Einsatz von Flyern, Inseraten, Präsentationen und anderen Mitteln ziemlich genau der Rücklauf berechnet werden. Wohlgemerkt nur bei einer größeren Anzahl von durchgeführten Aktionen. Die Erfahrung zeigt, dass eine einzige Aktion oder auch einige mehr davon, noch keine repräsentativen Ergebnisse bringen. Da ist dann wohl eher der Zufall entscheidend.
Da kann dann eine umfassende und durchaus gut vorbereitete Bemühung ein völliger Reinfall oder sogar eine flüchtige Aktion ein überraschender Erfolg sein.

Erst wenn viele Einsätze und Ergebnisse ausgewertet werden, ist der Durchschnitt verbindlich, stimmt die Zahl.

Ein Studierender lernt Vokabeln: Es gibt nur wenige Genies mit außergewöhnlichem Gedächtnis. Die meisten Leute müssen pauken, wollen sie eine Sprache erlernen. Auch hier greift das Gesetz der Zahl. Die Erfahrungen sind von Mensch zu Mensch zwar unterschiedlich, jedoch bedarf es wohl 5-6 Lern-durchgängen und einer späteren Wiederholung, bis die Wörter „sitzen", die gelernt werden sollen. Auch hier kommt es also auf die Zahl der Bemühungen.

Persönliche Bewerbungen: Immer wieder rate ich Arbeitssuchenden, persönlich die in Frage kommenden Firmen aufzusuchen und sich nicht nur auf schriftliche Bewerbungen zu verlassen. Mir ist nicht ein einziger Fall bekannt, wo ein solcher Einsatz nicht langfristig zu einer Einstellung geführt hätte. Aber auch hier ist es nicht mit einer einzigen Bewerbung getan. Es versteht sich freilich, dass hierbei auch Kompetenz und ein positiver Eindruck die Voraussetzungen für Erfolg sind.

Wichtig ist jedenfalls, sich durch Absagen nicht beirren zu lassen, sondern in der Gewissheit weiter zu verfahren, dass auf das Gesetz der Zahl Verlass ist.

Baby lernt laufen: An anderer Stelle in meinem RATGEBER beschreibe ich bereits dieses eindrückliche Phänomen, das man sich nicht oft genug vor Augen führen kann. Hier ist genau das *__Rezept__* und das VORBILD für ERFOLG ersichtlich:

Jedes Kleinkind w e i ß instinktiv, dass jeder Einsatz, jeder neue Versuch, unweigerlich zu Erfolgen führt.

Von seiner ersten Lebensminute an erbringt das Kind diesen totalen Einsatz. Nur wenn es bereit ist, alles immer wieder zu üben, es zig-Male zu wiederholen, kann es ihm gelingen, selbständig zu werden. Daran hat es nicht den geringsten Zweifel. Und das gelingt ihm. IMMER! Denken wir dabei an den mühevollen Weg des Laufenlernens. Sicher fällt Baby tausendmal und öfter hin und steht mühsam wieder auf. Aber es gibt nicht auf, bis es endlich laufen und klettern kann. Und das geht genauso mit allen anderen Fertigkeiten, die während der Kindheit eingeübt werden, das Sprechen, das Essen mit Besteck, Handstand, Schreiben, Lesen, Rechnen, Computern.

Das Beeindruckende dabei ist, dass solche Lernstrecken von Kindern grundsätzlich immer mit viel Freude und unbändiger Lust am Lernen ausgeführt werden. Von Verzagtheit keine Spur!

__Und genau deshalb gelingen alle diese Bemühungen" auch „spielend".__

Wenn wir Erwachsenen ebenfalls bereit wären, eine solche Anzahl von Übungen auf uns zu nehmen, könnten wir ebenfalls sicher sein, so ziemlich alles beherrschen zu lernen. Die meisten der angestrebten Fertigkeiten lassen sich ja erlernen. Entscheidend ist dann die Zahl der dafür nötigen Wiederholungen.

Freche Anmache ...: Ein nicht mehr so ganz junger Mann aus meinem Bekanntenkreis schmückt sich gern mit bildhübschen Begleiterinnen. Jeder staunt immer, wie es ihm gelingen kann, so viele attraktive und durchaus auch nette Frauen kennenzulernen, denn er gehört eigentlich nicht zu den gängigen Typen der Womenizer. Auf Nachfrage bezügliches „seines Geheimnisses" verrät er gerne seine Tricks. Er weiß um das Gesetz der Zahl. Demzufolge stört es ihn nicht sonderlich, wenn er auf fünf Fragen nach einem Rendezvous, nach der Telefonnummer oder Facebookadresse, vier Absagen kassiert. Durchschnittlich, wohlbemerkt. „Aber bei einer der Aktionen klappt es dann!" So erzählt er vergnügt.

Wir leben mit der Zahl: Eine solche Reihe von sehr unterschiedlichen Erfahrungen ließe sich beliebig fortsetzen. Fakt ist, dass wir bei allen Lebensabläufen von Zahlen bestimmt sind. Das Leben kann viel leichter sein, wenn wir uns solche Gesetzmäßigkeiten zunutze machen. Wir wissen doch längst, dass eine „Pechsträhne" nicht ewig dauert. Im Bewusstsein solcher Gewissheit, verzagen wir bei Misserfolgen nicht mehr so leicht, weil klar ist, dass in einem Erfolgs-Paket immer die positiven u n d die negativen Ergebnisse zu finden sind. Wir *wissen* also, dass wir nur genug Bemühungen brauchen, bis die positiven überwiegen.

Die 72-Stunden-Regel: Kürzlich las ich von folgendem Prinzip: ein Autor stellte die Behauptung auf, dass die Dinge im Leben nicht gelängen, mit deren Erledigung man nicht innerhalb von 72 Stunden begonnen hätte. Das passt gut zu einem Spruch meiner Großmutter, den sie oftmals zitierte: „Wer eine Sache zu lange bedenkt, findet sie am Schluss bedenklich." Also auch hier ist wieder eine Zahl der Eckpfeiler. Wer eine Reihe von Misserfolgen oder Fehlern in Kauf nimmt, kann auf jeden Fall auch mit einer bestimmten Anzahl von Erfolgen rechnen. Es versteht sich, dass die Bereitschaft, aus den Fehlern zu lernen, zu jeder Trainingsstrecke gehört und entsprechend korrigiert werden kann.

Mit j e d e r Übungsstrecke, die wir freudig gehen, verschiebt sich netterweise diese Zahl zu Gunsten des Gelingens!
Auch das gehört zu den Gesetzmäßigkeiten, auf die man getrost vertrauen kann.

Wie Energiearbeit den Erfolgsweg in die Selbständigkeit unterstützt

Um beruflichen erfolgreich zu sein, reicht oftmals der fleißige Einsatz und dass man sein „Handwerk" beherrscht, nicht aus.

Heute ist es wichtig, seine gesuchte Zielgruppe direkt anzusprechen, um sich in der Region oder auch überregional bekannt zu machen. Dazu ist es in der Regel unumgänglich, auch Öffentlichkeitsarbeit zu betreiben.

Dazu bedarf es für fast jede Branche auch „mutiger" Werbemaßnahmen". Dafür dann ist oft konsequentes Umdenken und Ideenreichtum erforderlich. Bei dem herrschenden Wettbewerb allerorts muss man sich tüchtig tummeln, um mithalten zu können mit der Konkurrenz, oder besser noch, ihr entscheidende Schritte voraus zu sein. Dazu gehört, sich entsprechend präsentieren zu können. Dies im Kundenumgang, oder auch in der öffentlichen Darstellung.

Erfolg beginnt mit *der eigenen richtigen Einstellung* zu den angestrebten Zielen und der mentalen Kraft, die nötig ist, berufliche Hürden zu überwinden.

Zaghaftes Zaudern wirkt dann eher kontraproduktiv und *demontieren* die guten Absichten. Es ist in vielen Situationen, die mit der beginnenden Selbständigkeit verbunden sind, eine ausreichende mentale Kraft erforderlich, um auch den Unwägbarkeiten gewachsen zu sein und gelassen den Pflichten nachgehen zu können, die den Erfolgsweg säumen.

Mentale Unterstützung durch Energiearbeit in der Selbsthilfe
Mit Hilfe von Meridian-Energie-Techniken kann die seelische, wie auch die körperliche Kraft gestärkt werden. Die *„hausgemachten Erfolgsverhinderer"* werden erkannt und eliminiert. Hier lohnt sich die t ä g l i c h e Anwendung des *Merdianklopfens*. In meinem RATGEBERBUCH gleichen Namens gehe ich näher auf die Anwendung in Selbsthilfe ein, die jeder selbst leicht ausführen kann.

Ängste sind menschlich. Wenn man einer Herausforderung begegnet, die viele Unwägbarkeiten birgt, so ist es nur natürlich, wenn man gelegentlich seelisch, aber auch körperlich schwächelt. Energie-Techniken können in solchen Situationen, besonders auch vorbeugend, hilfreich sein.

Aspekte zu Angst-Themen, denen der Garaus gemacht werden soll, Beispiele:

Ich große *Angst* davor, dass meine Selbständigkeit sich nicht trägt
Ich habe *Angst*, nicht so erfolgreich zu sein, wie ich das plane
Ich habe Angst davor mich zu blamieren
Ich habe *Angst*, dass mein Konzept nicht genügend Interessenten findet
Ich habe die *Befürchtung*, die Zeit bis zum Erfolg finanziell nicht durchzustehen
Ich habe *Panik* davor, dass ich krank werden könnte und ausfalle
Ich fürchte meine *Schwäche* in Bezug auf kaufmännische Leistungen
Ich habe *Angst*, dass sich die Wirtschaftslage zu meinem Ungunsten verändert
Ich habe immer *Ahnungen*, dass mich Konkurrenten überholen könnten
Ich habe *Bedenken*, ob meine Leistungen überzeugen können
Mich treibt die *Furcht um*, dass mein Durchhaltevermögen mich im Stich lässt

Nehmen Sie sich aller Aspekte an, die Ihnen sonst noch zu schaffen machen und die Sie als eigene Schwächen empfinden. Mit Hilfe der Meridian-Energie-Techniken ist es leichter, sich von solchen Angsthemen zu verabschieden.

Erst, wenn Sie Ihre eigenen Bedenken gänzlich über Bord geworfen haben und stattdessen ganz von Zuversicht erfüllt sind, können Sie damit rechnen, Ihre Pläne zu verwirklichen, ohne ständig von Stolpersteinen auf Ihrem Erfolgsweg behindert zu werden. Sie erhalten damit die Möglichkeit, auftauchende Probleme nicht als unüberwindliche Hürde zu sehen, sondern als Herausforderung und als interes-sante Projekte, die der Erledigung bedürfen.

Das Alleinstellungsmerkmal

Sich zu unterscheiden, einzigartig zu sein, hilft dabei, konkurrenzlos zu bleiben

Den Wunsch, selbständig zu sein, unabhängig zu sein und ein eigenes Geschäft zu haben, hegen viele Menschen. Um damit erfolgreich zu sein, bedarf es einer Reihe von Überlegungen. Eine der wichtigsten Voraussetzungen für anhaltenden Erfolg jedoch findet viel zu selten Beachtung, dabei ist es soooo wichtig, es geht um das das ALLEINSTELLUNGSMERKMAL. Dabei ist es doch eigentlich unlogisch, wenn man eine Praxis, einen Laden, eigentlich jede Art von Geschäft eröffnet und darin genau die Produkte oder die Dienstleistung anbietet, wie andere Mitbewerber auf dem Markt oder sogar die in der Nachbarschaft. Kopfschüttelnd habe ich unzählige Male zur Kenntnis genommen, dass ganz viele Existenzgründer sich offensichtlich am Sortiment der Konkurrenz orientieren oder zumindest anlehnen.

Und so passiert es auch in anderen Ländern wie Spanien, so konnte ich das vielfach feststellen. Ich habe ja 20 Jahre lang die Hälfte meiner Zeit auf Mallorca verbracht und hatte dort mein Verlagsbüro. Ich konnte beispielsweise beobachten, dass ein Restaurant nach dem anderen eröffnete, um genauso schnell wieder schließen zu müssen. Jedes Mal ging man neugierig nach der Neueröffnung dort essen, um erstaunt festzustellen, dass die Speisekarte nahezu spiegelgleich die der Nachbargeschäfte ähnelte. Sogar ein großes Golfhotel mit Restaurant führte nach Eröffnung mit viel TamTam in der Presse dann die gleiche öde Karte, wie sie überall in den Bars des Hafens auslag. Offenbar meinten die Betreiber, damit ihr Verständnis von mediterraner Küche verwirklichen zu müssen.

Hierzulande erlebe ich es ähnlich. Da schießen die Sushi-Bars aus dem Boden, eine Pizzeria nach der anderen wird eröffnet und an jeder Ecke gibt es eine Créperia, die ihre Fladen mit haargenau den gleichen Inhalten füllt, wie die konkurrierende Nachbarschaft sie auch anbietet. Die meisten dieser Läden vegetieren nach meiner Einschätzung nur gerade mal so am Existenzminimum, da nützt auch die emsige Flyerwerbung wenig, die man nahezu täglich (!) im eigenen Postkasten findet. Denn, wen überrascht das noch - auch diese Handzettel unterscheiden sich kaum voneinander. Mein ehemaliger amerikanischer Vertriebschef wurde nicht müde, uns Mitarbeitern einzuschärfen, dass in nahezu jeder Wettbewerbssituation nicht der geringe Preis entscheidet, sondern die Einzigartigkeit des Angebotes. So sollte die Überlegung der Existenzgründer primär dem ***Alleinstellungsmerkmal*** gelten. Es gibt fast immer Möglichkeiten, dem Angebot eine persönliche Einzigartigkeit zu verleihen.

Eine ganz persönliche Note lässt sich nahezu in allen Branchen, mit denen man seine Selbständigkeit plant, verleihen. Dazu hier nur ein paar Ideen:

Bistro: Hier kann man berühmt werden durch eine Suppenkarte, auf der wechselnd immer frische Gemüse-Cremesuppen zur Auswahl stehen.
Begehrt könnten auch bunte Gemüseteller sein mit verschiedenen hausgemachten Soßen und Dips. *Oder:* Ein gutes Landbrot auf dem Holzbrett kann mit unterschiedlichen vegetarischen Belegen dekoriert sein: dazu Radieschen, Tomaten mit Zwiebeln, Avocadowürfeln, gebratenen Auberginenscheiben mit geröstetem Sesam u. a. m. *Werbetage bieten zum Kosten Mini-Sortimente.*
Creperia: Auch vegane Crepes aus Kichererbsenmehl. Eingebackene Apfelscheiben. Gefüllte Crepes mit würzigem Gemüseragout, Soja-Schnetzel-Gemüse-Frikassee, mit würzigem Kartoffel-Zucchini-Gemisch, mit Pflaumen- oder anderem Kompott, vegan angedickt und Vieles, Vieles mehr.
Werbetage bieten zum Sonderpreis Sortimente zum Probieren
Pizzeria: Für eine kalorienarme Pizza bietet sich beispielsweise ein Boden ohne Kohlenhydrate (Internet), den man sorgfältig und gesund belegen kann, auch kleine, gesunde Pizzen für Kinder für die besonders Eltern angesprochen werden.
Werbetage bieten zum Sonderpreis Sortimente Mini-Sortiment zum Probieren.

Therapeutische Praxis: dafür gibt es unzählige Möglichkeiten sich von den Angeboten der Mitbewerber zu unterscheiden.

Diese liegen nicht in der Vielzahl der Behandlungsvarianten. Vielmehr sollten Sie sich unbedingt spezialisieren.

Es ist wenig ansprechend, wenn Sie lediglich aufzählen, was Sie alles machen und was Sie alles können und über welche Instrumente und Gerätschaften Sie verfügen, um Ihre Patienten zu behandeln.

Erklären sie vor allem, weshalb Sie Therapeut geworden sind und weshalb Sie sich bevorzugt für diese bestimmten Behandlungsweisen entschieden haben

Beschreiben Sie diese, von Ihnen angebotenen Therapien und erläutern auf Ihrer Webseite welche guten Erfahrungen Sie damit gemacht haben. Aber dass Sie auch weiteren Therapien hinzuziehen können, wenn das erforderlich wird.

Patienten sollen sicher sein dürfen, dass Sie sorgsam einen passenden, ganz persönlichen Behandlungsrahmen für sie generieren dass jeder einzelne von ihnen eine persönliche Führsorge erfahren wird. Künftigen Patienten soll die Gewissheit vermittelt bekommen, in guten Händen zu sein.

Der Vertrauensbildung ist wichtig und dieser lässt sich am besten durch eine persönliche Ansprache herstellen. Bereits in der Werbung soll der Tenor lauten: da ist ein Mensch, der kompetent ist, sich aber auch engagiert um mich und meine körperliche und seelische Gesundheit kümmert.

Dass Sie in einer Fußnote, lediglich beiläufig, aufzählen mit welchen Leistungen und Ausbildungen Sie aufwarten können wirkt sympathisch.

Wenn Sie Ihre Website aufbauen, so empfiehlt es sich, auch die BOLG-Funktion zu nutzen. Damit ist es möglich eine Interaktion mit Interessenten aufzubauen. Auf diese Weise können auch Patientenbeurteilungen und erfahrungsberichte veröffentlicht werden.

Patienten sind immer daran interessiert zu vernehmen, welche Erfahrungen Betroffene machten und wie gesundheitliche Probleme gelöst werden konnten.

Praxiswerbung/Öffentlichkeitsarbeit

Regelmäßige Werbung ist für jede Art von Selbständigkeit unabdingbar.

Insertionen in Wochen- und Tageszeitungen können durchaus angebracht sein, sind alleine jedoch nicht als der Hauptwerbeträger für den geplanten Praxiserfolg geeignet. Zum einen ist es heute kaum zu finanzieren, eine aussagefähige Darstellungen der eigenen Angebote in den Medien zu platzieren, zum anderen ist man durch Anzeigen in die Rolle des Abwartenden gedrängt, der darauf hofft, dass sich Interessenten bei ihm melden. Empfehlenswert ist es hingegen, das „Heft in der eignen Hand zu behalten" und selbst zu bestimmen, welcher und wieviel Einsatz für Werbeaktionen getätigt werden sollen, können, müssen. <u>Das heißt, ich kann die Anzahl meiner Aktivitäten dafür verstärken oder auch drosseln, wie es gerade erforderlich ist.</u>
Das Ziel ist ja, ein volles Terminbuch für therapeutische Behandlungen genauso. wie für andere Angebote wie Seminare, Workshops oder Infoabende zu generieren. Um dafür viele Interessenten anzusprechen, eignen sich unterschiedliche Werbewege: Eine der erfolgsträchtigsten Empfehlungen dafür sind regelmäßige *Infoveranstaltungen* in der eigenen Region und dem angrenzenden Einzugsgebiet. Das Beste an derartigen Veranstaltungen ist, dass die eigene Aktivitäten selbst bestimmt werden können. Sie kosten gar nichts, nur die eigene Mühe, den eigenen Einsatz. Man ist nicht darauf angewiesen, die Resonanzen eines Inserates in der Zeitung abzuwarten.

Infoveranstaltungen sind letztendlich <u>immer</u> erfolgreich. Auch wenn sie manchmal lediglich den Bekanntheitsgrad erhöhen. Sie bieten neben einem direkten Werbeeffekt die Möglichkeit, Anmeldungen zu Seminaren oder Beratungs-gesprächen einzusammeln. Und, das ist vielleicht das Wichtigste;

<u>Jeder bestimmt selbst, wieviel Zeit und Energie er in die Werbeaktionen steckt.</u>

Erfolgreiche Unternehmer nutzen <u>kontinuierlich</u> alle zur Verfügung stehenden Werbewege. Diese sind:

- Pressearbeit (regelmäßige Insertionen, Geschäfteröffnungs-Artikel, interessante Pressetexte, wechselnde Angebote)
- Handzettel- und Plakatwerbung, Visitenkarten mit www-Adresse
- Buchpromotion als Dauerwerbestation (Bücher mit passenden Themen)
- Infoveranstaltung (öffentlich und nicht-öffentlich)
- Infovorträge bei Elternabenden, Landfrauen, diversen Vereinen
- Schaufensterpräsentationen, auch in passenden anderen Geschäften
- Einladungskarten, die von Geschäften an Kunden vergeben werden
- Preisausschreiben, Gewinnspiele
- Mund-zu-Mund-Propaganda als gelenkte Freundschaftswerbung
- Schnupperstunden
- **Internet**

<u>Es ist einfach unerlässlich, dass Sie über eine W e b s i t e verfügen</u>, damit sich ihre Anzeigenwerbung auf zwei Zeilen beschränken (Kostenersparnis) und dennoch eine ausführliche Info bieten kann.

Bitte beachten Sie generell das Gesetz der Zahl!
ALLE Werbeschritte sind wichtig für die Imagepflege und erhöhen Ihren Bekanntheitsgrad. Auch dann, wenn einmal kein <u>sofort messbares</u> Ergebnis vorliegt.
Dennoch, ich weiß es aus unzähligen eigenen Erfahrungen und denen anderer GeschäftskollegInnen und Therapeuten:
Wenn der erwünschte Erfolg sich nicht, oder nicht in ausreichendem Maße einstellt, <u>obwohl das Produkt stimmt</u>, ist nicht genug Werbung gemacht worden.

Ich selbst habe ja viele Jahre lang Seminare angeboten, die ich selbst beworben und geleitet habe. Diese mit folgenden Themen:

- Schlank für immer - mit Trennkost
- Japanisches Heilströmen - Selbsthilfe
- MERIDIANKLOPFEN – Selbsthilfe
- Coaching für Selbständigkeit, Reden, Öffentlichkeitsarbeit, Kochen

Diese Wochenend-Seminare waren ganz unterschiedlich gut besucht. Ich gebe dabei zu, dass ich auch schon Vorträge vor 2 Teilnehmern gehalten habe. Aber zu anderen Zeiten waren es 20 Interessenten und mehr, die ich unterrichten durfte.

Ich habe mir dann, nach anfänglichen Enttäuschungen, keine Gedanken mehr gemacht, wieso die Resonanz oft so unterschiedlich ausfiel. Ich habe sehr schnell die Erfahrung gemacht, dass „unter dem Strich" immer genügend Publikum zu interessieren war, wenn ich nicht nachgelassen habe, meinen fleißigen Einsatz zu erbringen. Und dafür nutzte ich im Laufe der Zeit a l l e (möglichst kostenlosen oder kostenarmen) Mittel, die mir zu Verfügung standen. Dabei war mir keine Mühe zu groß, denn ich realisierte durchaus, dass ich mit vollen Seminaren rechnen konnte, wenn, ja wenn ….

Ich erinnere noch sehr gut, dass es mich beispielsweise so manche Schuhsohle gekostet hatte, weil ich unermüdlich unterwegs war, um Handzettel in Läden auszulegen. Sehr schnell habe ich begriffen, dass ich selbst bestimmen kann, wie üppig der Zulauf zu meinen Seminaren ausfällt und dass es alleine an mir liegt, wieviel Erfolg ich habe. Und den wollte ich unbedingt für mich erobern.

Die Erkenntnisse dafür, das habe ich im Laufe meines Lebens gelernt, lassen sich auf nahezu alle Projekte anwenden, deren Gelingen geplant wird.

Eine gute Werbung ist faszinierender Bestandteil jedes geplanten Erfolges!
Ohne reichlich emotionalen, körperlichen, auch Ideen-Einsatz geht gar nichts!

Ihre Website – nur Mut - die können Sie selber bauen

Und das ist kein Hexenwerk. Vielmehr finden Sie genügend Unterstützung (passende Anbieter), um sich eindrucksvoll im Internet darstellen zu können

Was das Erstellen einer Website anbetrifft, bin ich unbedingt für SELBERMACHEN. Ich weiß, wovon ich rede, denn ich habe im Laufe meines Geschäftslebens unzählige Seiten betrieben. Dafür und für meine Bücher standen mir kompetente Mitarbeiter zu Verfügung. Ich hatte ein Sekretariat, einen Webmaster und eine sehr talentierte Layouterin. Sie alle gemeinsam haben meine Ideen umgesetzt. Ich habe machen lassen, statt selber zu machen. Ich selbst, das gebe ich zu, hatte nicht die geringste Ahnung wie das alles funktionierte. Im Laufe der letzten 2 Jahrzehnte erst wuchs ja die Bedeutung der Internetdarstellungen und die Printwerbung trat immer weiter in den Hintergrund.

Eher notgedrungen trat ich ein in die Welt der Browser - und der Google-Suchmaschinen. Was ich früher nie für möglich gehalten hatte, ist die Erkenntnis, dass es eine faszinierende Welt ist, in der man, wie bei einem Spiel, mit den richtigen Jokern auf Sieg setzen kann. Das Beste daran ist, dass man sich diese Welt selbst erschließen und tatsächlich das eigene Fortkommen wirkungsvoll unterstützen kann. Wie immer in Sachen Werbung ist es wichtig, das richtige REZEPT zu wählen und die passenden Zutaten hineinzugeben.

Und für den „Internetkuchen" kommt uns dabei der rasante Fortschritt zur Hilfe, den die Technik inzwischen genommen hat. Was noch vor wenigen Jahren kundigen Experten vorbehalten war, ist nun auch für uns Laienmenschen zugänglich. Und ich sage Ihnen, es macht einen Höllenspaß, den eigenen Auftritt so zu gestalten, wie man sich selbst sehen will. Und man kann das nach Herzenslust ergänzen, verändern und Informationen veröffentlichen, Aktionen oder Events publizieren oder einfach nur was Nettes ins Netz stellen.

Wichtig dafür ist eine Website, an der Sie selber arbeiten können, wie auch ich es gelernt habe. Und das ist gar nicht schwer, sondern höchst vergnüglich, wenn man

„das erste Fremdeln" überwunden hat. Und dazu möchte ich Sie ermutigen..
Unterschiedliche Anbieter stellen dafür sogenannte Templats zur Verfügung. Das sind Vorlagen (oder Masken) in die man mit Hilfe eines Baukastensystems die eigenen Texte, Bilder und ggf. auch Logos einfügt. Ich selbst nutze dafür JIMDO-Seiten, mit denen ich gut zurechtkomme. Ich will hier keineswegs Werbung für diesen Anbieter machen, andere Systeme sind sicherlich auch sehr gut, aber über JIMDO kann ich schreiben, weil ich es gelernt habe, damit umzugehen. Ich versuche mich inzwischen sogar erfolgreich im Bloggen. JIMDO hat für die Basis-Anwendungen für die Websites, die Blog-funktionen und auch für spezielle Shop-Seiten WEBINARE eingerichtet, die kostenlos zur Verfügung stehen und die man ansehen, kann, bis es im Verstehen KLICK gemacht hat. Eine Website, wie ich sie betreibe kostet 60,- € im Jahr. Darin eingeschlossen ist das Hosting er dazugehörigen Webadresse, die kostenlose Nutzung des Supports zu jeder Zeit und dass man von allen Neuerungen immer profitieren kann. Übrigens kann man seine JIMDO-Seite auch als Online-Shop für eine begrenzte Anzahl von Artikeln verwenden. Trauen Sie sich ruhig an das SELBERMACHEN.
Alle meine Ratgeberbücher sind auf die Selbsthilfe ausgerichtet, nun beziehe ich das auch auf die Werbung im Internet. Auch hierbei haben Sie wieder in der Hand, wieviel Sie an Zeit, Fleiß und Engagement investieren wollen, um Werbeaktivitäten wirkungsvoll zu ergänzen.

Ihre WEBSITE
sie ist das Herzstück aller Ihrer Werbeaktivitäten. Wenn Sie eine aussagefähige Seite erstellt haben, dann steht sie also im Netz und bleibt dort auch unbeachtet stehen, wenn Sie selbst sie nicht laufend beleben und Ihre Möglichkeiten ausschöpfen, um sie bekannt zu machen. Und dafür gibt es eine Reihe von Maßnahmen, für die ich Ihnen nachfolgend einige Vorschläge machen will:
Sie befreunden sich nun mit den legendären Suchmaschinen, die Google betreibt und von denen niemand so recht weiß, was sie gerade bevorzugen. Ich finde es

immer lustig, wenn gesagt wird: Google mag es gar nicht, wenn doppelter Content in den Beiträgen zu finden ist, Google liebt Zwischen-Überschriften, Google hat es gerne, wenn innerhalb einer Website viel Verlinkungen installiert sind, u. s. w. Auch wenn wir nicht genau wissen, worauf Google gerade Appetit hat, so gibt es einige Standards, die dafür sorgen, dass Ihre Seite ein gutes Ranking bei Google erhält und Sie gleich auf der ersten Seite zu finden sind, statt irgendwo auf Seite 27 herumzudümpeln. Denn dort findet Sie niemand, weil niemand Sie sucht!

o Wählen Sie eine Domain (URL= Webadresse, die schon ein Suchwort enthält (Begriff, nach dem voraussichtlich gegoogelt wird).

o Gestalten Sie Ihre Startseite einfach und übersichtlich und versehen sie mit einer Struktur, die als Wegweiser durch Ihre Seiten dient.

o Füllen Sie Ihre Website mit vielen Texten auf den Unterseiten, in denen Sie So viele Suchwörter (Keywords) einfügen, die Sie ohne Sinnentstellung unterbringen können.

o Verlinken Sie in alle Richtungen, innerhalb der Seiten, von Unterseite zu Unterseite und zu der Navigation.

o Verfassen Sie eine Seitenbeschreibung mit guten Suchwörtern.

o Studieren Sie die SEO-Anweisungen von JIMDO und die Webinare. Diese sind auch zugänglich, wenn Sie mit einem anderen Anbieter arbeiten.

Die Internetwerbung ist ein Feld für sich, das Sie sich unbedingt zu eigen machen sollten, um Nutzen daraus ziehen zu können. Ich kann hier nur Ansätze daraus weitergeben, zumal mir auch das ausreichende Wissen darüber fehlt. Ich kann nur empfehlen, was ich selbst auch anwende.

Fangen Sie einfach an, sich das Wissen dafür zu erschließen. Es macht riesigen Spaß und wird bald unverzichtbares Kettenglied Ihrer Werbestrategien sein.

Aber auch unabhängig vom Netzwerk haben Sie viele Möglichkeiten, die Sie unermüdlich nutzen sollten, um auf Ihre Website hinzuweisen,

ERFOLGSLEITFADEN
6 wichtige Tipps bereiten machtvoll den Weg

Nun kann es also losgehen mit dem Erfolg.
Wir haben, wichtigste Erfolgswege von verschiedenen Blickwinkeln beleuchtet, aber auch einige augenfällige Erfolgsverhinderer kennengelernt.
Fassen wir noch einmal die Aktivitäten zusammen, die berücksichtigt werden müssen, wenn Erfolg sich einstellen soll.

Hier sind **6 Basis-Tipps**, die als einfache Struktur Ihre Pläne unterstützen, die Erfolgsgaranten sind, wenn Sie jedem einzelnen von Ihnen die nötige Sorgfalt widmen.

Der Wunsch	dieser wird durch ein klar definiertes Ziel manifestiert
Recherche	hier wird der Bedarf für die beabsichtige Branche/Produkt ermittelt, Konkurrenz wird in Betracht gezogen
Bilanz	welche Finanzierung steht mir zur Verfügung, wieviel Zeit kann ich investieren
Voraussetzung	meine Kompetenzen, Einstellung zum Geld, mein eigenes Energiepotential, Alleinstellungsmerkmal meiner Angebote
Mein Konzept	persönlicher Masterplan, der Schritt für Schritt aktiviert wird
Werbestrategie	Welche Werbewege kann und will ich gehen, was steht mir zur Verfügung

Jeder vorangegangene und auch jeder nachfolgende Artikel soll Ihnen als Spiegel dienen und als Anschauung, was zu tun ist und was berücksichtigt werden kann, oder sogar muss, damit der Weg in die Selbständigkeit ein Erfolgsweg wird.

Ihre Werbeinstrumente

Listen Sie alle Werbemöglichkeiten auf, die für Sie in Betracht kommen.

Es macht wenig Sinn, wenn Sie zaghaft nur das Eine <u>oder</u> das Andere „versuchen". „Schießen Sie aus allen Rohren", wenn Sie Ihre Ziele erreichen wollen. Und dann ist Fleiß angesagt. Von alleine geht gar nichts. <u>Erfolg ist immer die Summe der Bemühungen.</u> Sie verfügen über unzählige Instrumente, die Sie einsetzen können.

Eine aussagefähige Website

Diese dient heutzutage als ausführliche Visitenkarte. Auch wenn man regional tätig ist, stellt eine gute Website das Herz jeder Werbeaktion dar, weil alle Ihre Werbeaktionen darauf hinweisen. *Inhalt der Website*:

<u>Name der Website</u> soll schon auf das Angebot hinweisen. Fantasienamen werden von den Suchmaschinen nicht gefunden. *Besseres Beispiel*:

    Berlin-Kräuter-Liesel.de oder

    Ffm-Bergen-Meridianklopfen.de oder

    Köln-Heilströmpraxis-Zeller.de

<u>Navigation</u> weist auf Unterseiten mit ausführlichen Angeboten z. B.

    Zu meiner Person

    Meine Anliegen

    Meine Methoden/Produkte/Dienstleistungen

    Stimmen von Klienten/Patienten/Kunden

    ggf. meine Seminare, Videos

    Meine Newsletter (dienen dem „Adressenfang" für Mailings)

    Impressum, Kontakt, AGB

<u>Startseite</u> (möglichst. Fotos) Schrift groß genug, gut lesbar, nicht

    hellgrau …

    kurzer Werbetext für meine Angebote (*spannend gestalten*)

Button vorsehen für wechselnde Sonderaktionen
Buttons für Termine für Veranstaltungen, Kurse, Aktionen
Symbolleiste für die Socialmedien mit „Teilen-Funktion"
Button für Newsletter-Adressen mit Verheißung eines Downloads
Vorstellen von immer neuen Angeboten der Praxis oder
Jahreszeitenangebote o.a.. Dieses „Fenster" sollte
wechselnde Angebote enthalten
Gewinnspiel zum Adressenfang (Preise können Teilnahmen oder
     Produkte sein)
Gesundheitstipp oder Glücksrezept oder Spruch oder kleine
     Anekdoten, Sinnspruch, Fotos, jedenfalls etwas Nettes und
     Persönliches
Erweiterte Online-Werbung: Es gibt die Möglichkeit, dass „Landingpages"
     auf Ihre Hauptseite hinweisen (Spezielgebiet/Webmaster)

Kleine Dauermaßnahmen, langfristige Wirkung
Haben Sie den Mut, in die Öffentlichkeit zu gehen. Kunden sind nicht auf der Suche nach Ihnen, Sie müssen sich zu erkennen geben, den Bedarf wecken …
Unzählige Beispiele zeigen: „ohne Werbung geht es nicht". Wer nur abwickelt, statt voran zu gehen, bleibt stehen und das Bestehen seiner Selbständigkeit ist reiner Zufall. Nicht einmal die Mund-zu-Mund-Werbung kann dem Zufall überlassen werden, sondern muss immer wieder *angeschoben* werden. Dazu dienen Flyer und auch Visitenkarten, die bei jeder Gelegenheit verteilt werden sollen. Es ist unverständlich, dass so viele Selbständige es peinlich finden, solche Verteilungen vorzunehmen. Horchen Sie einmal in sich hinein: es ist doch sympathisch, wenn ein netter Mensch Ihnen sagt: „Darf ich mich Ihnen vorstellen? Mein Name ist xxxxx, ich veranstalte hier in der Nähe öfter ein Seminar über Heilkräuter. Die Teilnahme ist kostenlos. Sie sind herzlich eingeladen. Gäste sind mir ebenfalls willkommen. Hier auf meinem Flyer steht mehr!" Hört sich doch nett an, oder?

Flyer sind heutzutage die Alternative zu ausführlicher Insertion

Ihr Druck ist inzwischen in den Copyshops sehr preiswert. Hier bei mir um die Ecke, zahle ich beispielsweise 2 Eurocent für ein Din-A4-Blatt, (werden zu DIN-A5 geschnitten) also 10,-- € für 1000 Stück. Und die reichen in der Regel für eine Aktion. Dafür gibt es verschiedene Empfehlungen:

1. Auf einem Wochenmarkt oder einem Flohmarkt oder einer belebten Straße, kann man genau die Zielgruppe ansprechen und einladen, die man sich als Kunden/Klienten/Patienten vorstellt.
2. In allen kleinen Läden und Cafés in der Nähe darf man meistens seine Zettel auslegen.
3. Allen Kunden/Klienten und allen Leuten, die einem den Tag über begegnen, Flyer in die Hand drücken mit einem netten Spruch: „Hier habe ich mein neues Angebot, dazu lade ich herzlich ein", o. a.

Die Gestaltung des Flyers sollte immer das gleiche „Gesicht" und somit einen Wiedererkennungswert haben. Texte sollen warm, freundlich, vielleicht lustig oder spannend sein. Die Leute sollen sie gerne lesen:

Beispiel-Themen gibt es unzählige, je nachdem was zu meiner Branche passt. Dafür lohnt es sich, mal nachzudenken, was Mitbürger interessiert.

Seminare sind die allerbesten Werbemaßnahmen

Ich kann nämlich so viele Seminare veranstalten, wie ich mag. Große und kleine, wie ich es brauche. Sie kosten mich nichts, außer meinen persönlichen Einsatz und einem Konzept, das auf meine Absichten abzielt, denn ich biete ja meine Aktivitäten nicht an, weil ich ein Freizeitproblem habe, sondern weil ich sie als wichtiges Werbeinstrument nutzen will. Je nach Branche, kann ich mir unzählige Ideen einfallen lassen, um Mitmenschen für meine Arbeit zu interessieren. Infoveranstaltungen können überall stattfinden, wo sich Stühle, auch Klappstühle stellen lassen: Laden, Praxis, Fahrschule, Frühstücksraum u. v. a. m.

Das Ziel, das ich im Auge habe, muss ich für mich und mit mir selbst genau abklären, damit ich nicht ins Leere arbeite. Meine Ziele können sein:

Wenn ich eine therapeutische Praxis gründen oder optimieren will
1. Teilnehmer für Selbsthilfeseminare gewinnen
2. Klienten/Patienten gewinnen

Dazu eignen sich beispielsweise folgende Seminarangebote:

Kostenlose Infoveranstaltungen

Workshops mit sehr günstigem Preis, die sich als „Schnupperkurse" eignen

Kostengünstige themenverwandte Seminare jeweils für Selbsthilfe-Methoden, wie Kosmetik selber machen, Salbe selber machen, Tee zu jeder Jahreszeit, Heilkraft von Edelsteinen, Ernährung bei Übergewicht, vorbeugend gegen Diabetes, geniale Rezepte gegen Rheuma, Tipps für Sportmuffel, Anti-Aging-Maßnahmen, Winterdepression, Müdigkeitssyndrom u. a. m.

Wenn ich ein Ladengeschäft eröffnen oder optimieren will
1. Mehr Kundenzulauf soll erreicht werden
2. Das Interesse der Bürger soll auf spezielle Angebote gelenkt werden

Als Seminarthemen eignen sich Aktivitäten, die zu meinem Warenangebot passen

Es ist hier schwierig, Tipps zu geben, weil Branchen vielfältig sind. Beispiel: Geschenke einzigartig verpacken, Einladungskarten bezaubernd und sehr persönlich gestalten, wunderschöne Schachteln (basteln und dekorieren), Gesundheit verschenken. Modenschau oder Sonderausstellungen mit Kunden veranstalten. Dazu Kunden und ihre Gäste persönlich einladen,

Wenn ein gastronomischer Betrieb eröffnet oder optimiert werden soll
1. Mehr Gäste sollen das Restaurant, den Imbiß, das Geschäft besuchen
2. Events sollen ausgebucht sein

Dazu empfehlen sich beispielsweise folgende Seminarangebote:

Einladung zu Veganem Kochkursus mit anschließendem Dinner

Einladung zum Tapas-Event: Herstellung und Schlemmen

Einladung zum Suppen-Seminar mit anschließender Verkostung
Einladung zum vegetarischen Festmenü mit vorgeschalteter Koch-Info
Trennkostseminar mit anschließendem Trennkost-Menü
Kleine Einführung in die vegane Bäckerei, mit Verkostung
Einführung in die Vegane Küche mit anschließendem Schlemmer-Menü
Einführung in die Kräuter-Kochkunst mit anschließendem Menü
Aktionen, bei denen auf der Straße/Markt Kostprobchen verteilt werden
2-Zeilen-Inserate, in denen auf die Website hingewiesen wird z. B. :

CATERING in Berlin Mitte, auch vegetarisch o. vegan www. lecker-schmecker.de

Für Kochkurse und Backkurse müssen nicht zwangsläufig auch Lehrküchen zur Verfügung stehen. Es kann auch ausreichen, wenn einer Dinner-Veranstaltung ein halbes Stündchen vorgeschaltet wird und den Gästen die speziellen Zutaten vorgestellt und ihre Handhabung e r k l ä r t wird. Wenn etwas davon verkauft werden soll, passt das zu dem Vortrag. Jetzt kann auch erläutert werden, welche Catering-Angebote das Restaurant ggf. macht. Dafür können die passenden Flyer bereitliegen und verteilt werden.

Wenn ein Online-Shop eröffnet oder optimiert werden soll

1. Mehr Besucher für die Website sollen gewonnen werden
2. Eine E-Mail-Liste für Newsletter soll erweitert werden
3. Newsletters für spezielle Angebote sollen Interesse wecken und unterhalten
4. Neue Produkte oder Dienste sollen attraktiv präsentiert werden
5. Günstige Angebote oder Kombi-Bestellungen sollen Rabatte ermöglichen
6. Ideen Geschenkgestaltung regt Fantasie an (Sets, Rabatte für Kombis)
7. Kundentreue soll erreicht werden

Es genügt nicht, auf das Warenangebot hinzuweisen. Kunden interessieren sich für den „eigenen Mehrwert", der mit dem Erwerb bestimmter Produkte verbunden ist und welche Erfahrungen die Betreiber selbst und andere Kunden gemacht haben. Hier ist wieder die persönliche Ansprache mit Berichten gefragt.

Das Beratungsgespräch und die Preisangst

Der „billige Jakob" ist kein guter Assistent für den Erfolgsweg

Eine gute Beratung muss im Sinne der Kunden geführt werden. Nur wenn Kunden den Laden, die Praxis oder den gastronomischen Betrieb in dem Bewusstsein verlassen, das Beste für ihre Ansprüche erhalten zu haben, kann damit gerechnet werden, dass sie wiederkommen und erhaltene Leistungen weiterempfehlen.

Es lohnt sich immer, allerbeste Qualität zu führen. Dies bezieht sich auch auf Dienstleistungen, die angeboten werden.

Es ist unsinnig, sich mit Mitbewerbern auf einen Preiskrieg einzulassen. Sich gegenseitig zu unterbieten, ist der schlechteste Weg, um Konkurrenz gewachsen zu sein. Vielmehr führt er geradewegs ins geschäftliche Abseits. Wenn ich bei meinem Publikum punkten will, dann sind ganz andere Maßnahmen angesagt:

Wenn ich eine Praxis führe: zählt meine Kompetenz, mein liebevoller und mitfühlender Umgang mit den Patienten, die Wohlfühlatmosphäre in meinen Räumen, das Gefühl des Aufgehobenseins, das ich vermittle und die Anbindung, die ich durch Gemeinschaftsangebote an die Patienten erreiche.

Wenn ich ein Café eröffne: bin ich bemüht, die besten Zutaten für meine außergewöhnlichen Backwaren zu verwenden, den besten Kaffee und den besten Kakao zu bieten und kleine Snacks zu führen, wie es sie nirgends sonst gibt.

Wenn ich einen Laden betreiben will: unterscheidet sich mein Warensortiment von allen Angeboten in der Stadt/im Stadtgebiet.

Wenn ich einen Online-Versand gründen möchte: ist es wichtig, dass ich erstklassige Ware führe und durch besondere Aktionen immer wieder Interesse wecke, aber auch persönliche Kontakte zu den Kunden führe. Dafür gebe ich in meinem Artikel „Alleinstellungsmerkmale" eine Reihe von Empfehlungen.

Ein wichtiger Bestandteil einer jeden Geschäftsführung ist das Beratungsgespräch. Dieses entscheidet darüber, welches Vertrauen gewonnen werden kann und auch wie letztendlich der Umsatz sich gestaltet.

An den Umsatzzahlen bemisst sich der Erfolg. Und der ist auch dann nur nachhaltig, also andauernd, wenn seriös, ehrlich und engagiert gearbeitet wird.
.
Ein Beratungsgespräch ist also die Quelle des Geschäftslebens. Das Beratungsgespräch ist immer mit einem beabsichtigten Ziel verbunden. Dafür müssen grundsätzlich die Belange der Patienten/Kunden oberste Priorität haben.

Ich habe oft erlebt, dass Ärzten, Heilpraktikern oder anderen Therapeuten der Mut fehlte, ihren Klienten die Behandlungsempfehlungen zu geben, die sie selbst als wirkungsvoll erachten. Auch wenn eine Therapie langwieriger und mit relativ hohen Kosten verbunden ist, sollte sie unbedingt ehrlich empfohlen werden, statt mit billigen Mitteln Versuche zu starten, die Beschwerden zu behandeln. Es versteht sich, dass auch zu kostenlosen Maßnahmen geraten wird, wenn diese als hilfreich bekannt sind.
Genau die gleichen Regeln gelten für Warenangebote. Es kann durchaus zu preiswerten Varianten geraten werden, wenn diese überzeugen. Aber wenn eine hohe Qualität bessere Ergebnisse gewährleistet, so sollte falsche Bescheidenheit oder Preisangst nicht dazu verführen, solche Ratschläge zu geben.
Es ist dann oft die *Preisangst*, die als eines der größten Erfolgsverhinderer gilt und dann die Situation beherrscht.

Preisangst resultiert aus einer zumeist unangemessenen, ängstlichen Einschätzung der eigenen Leistungen. Es ist immer wichtig, eine ehrliche Bilanz zu erstellen, um zu ermitteln, wie hoch sich der Mehrwert für den/die HandelspartnerIn ausfällt, wenn das Angebot angenommen wird.

Existenzgründer – positive Beispiele

Es sind keine großen Firmen, deren Selbständigkeit ich hier beispielhaft vorstellen will.

Vielmehr geht es um kleinere Läden, Cafés oder therapeutische Praxen, deren Gründung gut gelungen ist. Sie liefern Beispiele dafür, dass der Aufbau einer Selbständigkeit tatsächlich bestimmten Gesetzmäßigkeiten folgt und das Ergebnis von der engagierten Anwendung der ***6 Basis-Regeln*** abhängt, die da sind:

Der Wunsch	dieser wird durch ein klar definiertes Ziel manifestiert
Recherche	hier wird der Bedarf für die beabsichtigte Branche/Produkt ermittelt, Konkurrenz wird in Betracht gezogen
Bilanz	welche Finanzierung steht mir zur Verfügung, wieviel Zeit kann und will ich investieren
Voraussetzung	meine Kompetenzen, Einstellung zum Geld, mein eigenes Energiepotential, Alleinstellungsmerkmal meiner Angebote
Mein Konzept	persönlicher Masterplan, der Schritt für Schritt aktiviert wird
Werbestrategie	Welche Werbewege kann und will ich gehen, was steht mir zur Verfügung

Inhaltsverzeichnis der Positivbeispiele

Es sind ganz normale Läden, die ich hier als Beweis dafür vorstelle, dass sich Selbständigen-Träume in Realitäten verwandeln lassen und dass sich der engagierte Einsatz lohnt.
Diese Geschäfte kenne ich persönlich, zum Teil sehr gut. Und ich beobachte ihre Aktivitäten seit geraumer Zeit.

Die Beispiele sollen Ihnen Mut machen, die Selbständigkeit zu wagen.
Jede Firma überall hat mal klein angefangen nicht sind große Firmen daraus geworden oder aber eine Reihe von Praxen oder Schulungszentren.

Wer weiß also, was sich noch so alles entwickeln kann aus einem Laden, einerm Café, einer therapeutischen Praxis, die ja allesamt erstmal mit einer kleinen Idee begonnen haben..

Seifenmanufakturen gibt es zuhauf
Aber wenn man erfolgreich sein will, muss alles besonders sein

Seifensorten gibt es tatsächlich unzählige. Und in den letzten Jahren summieren sich auch die Hersteller für handgemachte Naturseifen. Die gibt es in Fachgeschäften, Boutiquen und vor allen Dingen auf Märkten. Viele kleine Unternehmer, meist jedoch Unternehmerinnen, haben den Trend entdeckt und sind auf diesen „Zug aufgesprungen", weil es einfach scheint, sich mit Seifenherstellung selbständig zu machen.

Denn nicht nur das Thema wirkt anziehend, es sind auch erstmal keine größeren Investitionen erforderlich, wenn man in die Produktion gehen will. Die Folge von dem „Run" auf diesen Trend ist, dass es zunehmend schwierig geworden ist, für die herrlichen, die duftenden und mit kostbaren Zutaten versehenen Luxusseifen genügend Abnehmer zu finden, um als Neu-Selbständiger davon leben zu können. Nun habe ich mich für das Thema der Seifenherstellung schon seit Längerem interessiert und wollte diese Kunst auch gerne selbst erlernen. So suchte ich in Berlin ein passendes Seminar. Schnell wurde ich unter den vielen Angeboten fündig und wählte einen Kursus, der in meiner Wohnnähe stattfand. Allerdings war ich darüber erstaunt, dass es möglich sein sollte, in nur 3 Stunden die Seifenherstellung zu erlernen. Und der Seminarpreis von 65,- € dafür, schien mir auch erstaunlich günstig.

In der Seifenmanufaktur dann, die von einer netten Dame mittleren Altes geleitet wurde, traf ich auf 8 Mitstreiterinnen. Sie alle hatten an einem langen Tisch ihren kleinen Arbeitsplatz mit Waage und kleinen Schüsseln. Die verschiedenen Öle, Wachse, eine Auswahl von duftenden ätherischen Ölen und andere feine Zutaten standen in der Mitte des Tisches und konnten von jeder der Teilnehmerinnen nach Bedarf und Neigung verwendet werden. Das Ziel des Kurses war, dass jede der Anwesenden zwei verschiedene Sorten Seifen herstellt und damit einen beachtlichen Seifenvorrat mit nach Hause nehmen kann.

So staunte ich auch nicht schlecht, als wir bereits nach einer einzigen Stunde die erste Seifenmasse fertig hatten, die in geleerte Tetra-Safttüten gegossen, in Zeitungen warm verpackt, mit nach Hause genommen wurden. Nach 48 Stunden dann, konnten sie in große Stücke geschnitten werden, um einen Monat lang zu reifen. Eine zweite Sorte wurde auch noch in Angriff genommen, sodass jede der Teilnehmerinnen tatsächlich fast ein Kilo Seife für sich selber hergestellt hatte.

Ich war begeistert. Und ich hatte nebenbei auch noch in Erfahrung gebracht, weshalb es „meiner" Manufaktur so gut gelingt, sie sich auf dem Markt locker zu behaupten und sich gegen so viele Konkurrenten offenbar mühelos durchzusetzen. Diese nämlich drängen pausenlos auf den Markt und haben offenbar den Eindruck, mit der Seifenherstellung ein „Goldgräberthema" gefunden zu haben, das satte Gewinne verspricht. Denn bei erster Kalkulation scheint die Handelsspanne vom Wareneinsatz bis zum Verkaufspreis von 4,- bis 6,- Euro für ein Seifenstück regelrecht verführerisch.

Übersehen wird dabei gerne, dass eine Lizenz erforderlich ist, eine Profiküchenausstattung für die Herstellung Bedingung ist und ein Verkaufsstand, sowie Werbemaßnahmen Zeit und Geld besonders aber Fantasie in Anspruch nehmen.

So passiert es dann bedauerlicherweise in den allermeisten Fällen, dass sich die Seifenträume in Seifenschäume verwandeln. Dass es auch anders geht, beweist die Seifenmanufaktur, bei der ich auch ein wenig hinter den Vorhang schauen durfte.

Das Erfolgskonzept „meiner" Seifenmanufaktur: Ein großer Raum mit angeschlossener kleiner Küche reichte für den Arbeitstisch, eine Verkaufsvitrine und Regale. Dieser Geschäftsraum befindet sich in einem Haus, in dem noch andere Handwerker ihre selbst gefertigten Waren anbieten.

Hier finden die Seifenkurse statt und die Herstellung und der Verkauf aller Manufaktur-Produkte.

Jeden Monat findet ein solcher Seminarabend statt. Je im Wechsel für Anfänger und für Fortgeschrittene, die es lernen möchten, Luxusprodukte für die Badekultur herzustellen. Aber auch Kosmetikprodukte für die Gesichts-Körper- und Haarpflege werden hier aus kostbaren, natürlichen Zutaten gemacht.

Auch dafür kann man Kurse in der Manufaktur buchen. Der Seminarkalender ist immer gut gefüllt. Es gäbe sogar Wartelisten erzählte mir die liebenswürdige Leiterin der Manufaktur. Und der zusätzliche Verkauf von frisch hergestellter Ware floriere bei den Kursen, wie auch bei dem interessierten Publikum, welches das Handwerkshaus während der Öffnungszeiten besucht um die Manufaktur-Erzeugnisse zu besichtigten.

Auf meine Frage, wie denn Werbung für die Seminare gemacht würde, verwies mich meine freundliche Seifenfrau auf die Website, auf der alle Angebote und Seminarzeiten immer aktuell veröffentlicht werden.

Aber es wird auch emsig vielseitige Öffentlichkeitsarbeit betrieben, z. B. an den Ständen beim Seifenverkauf, der an jedem Wochenende auf den einschlägigen Märkten sattfindet. Hier wird dann nicht nur das Manufaktursortiment angeboten, sondern alle Interessenten erhalten einen Flyer, in dem nicht nur auf die besondere Qualität der Seifen und anderer Produkte hingewiesen wird, sondern speziell auf die Seminare, zu denen herzlich eingeladen wird.

Jedes Kundengespräch wird dafür genutzt, um die Kurse ins Gespräch zu bringen und auf die nächsten Termine hinzuweisen.

Zusätzlich zu der Arbeit auf den Märkten, werden auch winzige Seifenproben, die luxuriös verpackt sind, chicen Boutiquen zur Verfügung gestellt, die ein solches Geschenk den Einkäufen beilegen. Der gleiche Service wird auch exklusiven Hotels der Stadt zuteil, die ihre Gäste mit kleinen Luxusseifen verwöhnen. Freilich wird dann eine schöne Visitenkarte den Gästen ebenfalls dazugegeben. Auf diese Weise wird der Online -Verkauf angeheizt.

Hier wird es dann besonders interessant, dass aus Kunden Dauerbesteller werden. Der Erfolg „meiner" Manufaktur ist keineswegs Zufall, sondern das Ergebnis der Erkenntnis, dass der Begriff SELBST-STÄNDIGKEIT in ihren beiden Begriffen _**selbst**_ und _**ständig**_ für das Geschäft seine wortgenaue Anwendung findet.

Eine dröge Bäckerei – wurde zum IN-CAFÉ

Die (sehr netten) Eltern der Betreiberinnen mögen mir verzeihen, dass ich ihre geschätzte Traditions-Bäckerei so kess bewertete.

Besagtes Café gehört einer Freundin meiner Tochter. Diese betreibt es erst seit wenigen Jahren, zusammen mit ihrer Lebenspartnerin. Es ist den beiden „Mädels" gelungen, aus einer langweiligen Bäckerei, die es einst war, ein „Kult-Café" zu machen, in dem es ein Erlebnis ist, zu frühstücken oder einen leckeren Imbiss einzunehmen. Das Café ist inzwischen bekannt und macht über die Grenzen unseres Stadtviertels hinaus von sich reden, denn öfter gibt es hier auch interessante Veranstaltungen, über die Reporter gerne in den Stadtzeitungen berichten.

Die Betreiberin hat das Geschäft von ihren Eltern übernommen, die es ca. 20 Jahre als normale Bäckerei geführt hatten. Dieser grundsolide Backladen hatte ausgereicht, um der Familie mit zwei Kindern eine gute Existenz zu bieten. Solche Aufback-Bäckereien gibt es auch heute noch in fast jeder Straße im gesamten Stadtgebiet. Überall die gleichen Backwaren und das ohne Abwechslung über Jahrzehnte hin. Die Ladeneinrichtung war auch eher abweisend als einladend. Harte Holzbänke wirkten ungemütlich und waren auch recht unbequem. Vor dem Geschäft, auf dem breiten Bürgersteig gab es gar keine Sitzplätze. Kunden wurden somit auch nur vereinzelt zu Gästen, sondern tätigten ihre Einkäufe hurtig oder entschieden sich lieber zu Kaffee-to-go, als sich dort zu einem anregenden Schwätzchen mit Freunden zu treffen. Gegen den anfänglichen Widerstand der Eltern, die es gerne gesehen hätten, wenn der Laden in gewohnter Tradition weitergeführt würde, hat unsere Freundin, auch mit Unterstützung ihrer Partnerin und vielen Freunden, ihr eigenes Konzept durchgesetzt. Wie das aussieht? Nun, es hat sich gelohnt, neue Wege zu gehen und das Gesamt-Angebot der neuen Generation anzupassen. Dabei stand die Überlegung Pate, was die Neu-Betreiber sich selbst wünschen, wenn sie Lust haben auszugehen. Und das

Ergebnis lässt sich sehen und wurde von Anbeginn an gerne von alten Kunden und neuen Gästen angenommen.

Das Erfolgs-Konzept: Die Bäckerei wurde erstmal optisch modernisiert. Die farbigen Wände zeigen jetzt zeitweise attraktive Fotoausstellungen oder Bilder junger Künstler. Sehr verschiedene Tische, Stühle und Sessel erinnern an ein Studentencafé. Auf der Straße sitzt man hübsch unter einer großen Sonnenmarkise auf dem breiten Bürgersteig. Zum Verkaufen und Mitnehmen gibt es nur noch wenige der gewohnten Backwaren, dafür aber sensationelle Frühstücksangebote, auch für Vegetarier und Veganer.

Knackige, fantasievolle Salate suchen ihresgleichen. Gemüsepfannen und Suppen, oft mit türkischem Touch, gibt es den ganzen Tag. Hausgemachte Kuchen und Torten werden bevorzugt in veganen Varianten angeboten.

Die Mitarbeiter/Innen sind hier besonders engagiert und liebenswürdig. Der Clou aber sind kleine kulturelle Veranstaltungen, wie Lesungen und musikalische Vorträge. Einmal im Jahr sorgt sogar eine Jazzband, die auf dem breiten Bürgersteig platziert wird, für unzählige Zuschauer auf der Straße.

Eine attraktive Besonderheit sind die großen Tafeln neben den Schaufenstern. Dort schreibt die Wirtin mit Kreide wechselnde literarische (öfter mal auch etwas frivole) Texte, die Vorübergehende veranlassen stehenzubleiben, um sie neugierig zu lesen, und dann lächelnd weiterzugehen.

So werden auch Leute aufmerksam, die bei der nächsten Gelegenheit zu Gästen werden. Tja, man muss sich eben was Besonderes einfallen lassen. Einladungen zu speziellen Veranstaltungen werden über Flyer und über Facebook bekannt gemacht. Weitere Werbung ist heute nicht mehr nötig.

Mut und ein zeitgemäßes Angebot waren hier die Motoren für den heutigen Erfolg. Man spürt, dass die Betreiberinnen mit dem Café auch ihrer eigenen Passion nachgehen und immer wieder auch ganz und gar ungewöhnliche Ideen, auch kulinarische, verwirklichen.

Hier regieren Fleiß und unermüdlicher Einsatz

Mein Lieblingsbeispiel für gelungene Selbständigkeit ist ein einfacher Laden

Der kleine Lebensmittelladen gegenüber meinem Wohnhaus ist wirklich ein Musterbeispiel von Fleiß, unermüdlichem Einsatz und auch von gelebter Innovation und Integration sowieso.

Innovation in einem Lebensmittelladen? Jawohl! Und jeder kann das jeden Tag sehen und auch schmecken. Aber hier wird eben alles verwirklicht, was so ein Lädchen hergeben kann.

Dabei unterscheidet sich dieses unscheinbare Geschäft auf den ersten Blick keineswegs von ganz vielen anderen Gemischtwarenläden, die man in früheren Zeiten „Tante-Emma-Läden" nannte. Es gibt alles, was man so braucht an Grundnahrungsmitteln, Obst, Gemüse und Getränken, aber auch Wasch- und Putzmitteln, Glühbirnen, Toi-Papier u. s. w..

Was den Laden so besonders macht, ist eine Glasvitrine voll von geschnittenen Salaten, verschiedenen Obstsorten, mundgerecht zubereitet. Und das von allen Sorten der Saison, pur oder gemischt. Alles immer frisch, ohne Konservierungen.

Immer sieht man die fleißige Ladenbesitzerin, eine bildhübsche Vietnamesin wie sie am Schnibbeln ist, um die begehrte Frischware nachzufüllen, die sich fast schneller verkauft, als sie produziert werden kann. Aber auch ihr Entsafter, der hinter der Ladentheke steht, ist ständig im Einsatz. Damit wird, je nach Wunsch für die Kunden Frischsaft gepresst aus Karotten, Kohlrabi, Sellerie, Orangen, Äpfel, Ingwer und anderem Obst und Gemüse. Kunden sagen einfach, was das Herz begehrt und das wird flugs in einen frischen Vitamindrink verwandelt.

Ich kenne diesen übervollen Laden nun schon seit über 17 Jahren. Anfänglich hat meine tüchtige, immer gutgelaunte Vietnamesin ihn gemeinsam mit ihrem Mann betrieben. Dieser hat in der Zwischenzeit einen zweiten Laden gegründet, der genauso gut „brummt", wie mein Gegenüber-Geschäft. Das Vietnamesen-Ehepaar hat zwei Söhne, die nun auch schon Teenager sind und studieren sollen. Nach der Schule helfen sie öfter im Laden und man kann sehen, dass sie genauso tüchtig werden wie die Eltern. Und dann gibt es noch eine Tochter in Vietnam, die ihr Studium bereits beendet hat, was mit der finanziellen Unterstützung der Eltern ermöglicht wurde. Die Familie hat es inzwischen zu beachtlichem Wohlstand gebracht.

Das Erfolgskonzept: Im Gegensatz zu anderen Lebensmittelgeschäften, die sich kaum gegen die übermächtige Konkurrenz der Discounter durchsetzen konnten, setzten meine Ladenbetreiber auf den Frische-Trend, der ernährungsbewussten Kunden zunehmend wichtig geworden ist.

Und diese Kunden können mit eigenen Augen s e h e n , dass hier tatsächlich nur die puren Produkte, ohne Zusatzstoffe verwendet werden und dass direkt vor ihren eigenen Augen, alles für sie frisch und knackig zubereitet ist.

Hinzu kommt, wie man alles liebenswürdig präsentiert und man miterleben kann, wie emsig und engagiert auf Kundenwünsche eingegangen wird. Und dann wird auch gleich alles mitverkauft, was man im Haushalt noch so brauch, selbst wenn das eine oder andere im Supermarkt vielleicht billiger wäre.

Interessant in diesem Fall finde ich auch, dass dieser Laden in einer Zeit der allergrößten Arbeitslosigkeit Deutschlands gegründet worden war.

Von Anbeginn an, war der emsige Einsatz von Erfolg begleitet, weil hier ein Arbeitseinsatz erbracht wurde, und heute noch zu bewundern ist, vor dem sich viele Mitbürger scheuen, die auf pünktlichen Feierabend und ein langes Wochenende bestehen.

Feierabend ist hier wohl auch bis zum heutigen Tag eher ein Fremdwort. Damit nämlich könnte so ein Lädchen mit 12 Stunden Öffnungszeit und einem langen Samstag natürlich nicht aufwarten.

Dafür aber mit einem richtig guten Einkommen, eben einer zukunftsträchtigen und bombensicheren Existenz.

Qualität macht das Rennen

Ein exklusives Angebot mit erlesenen Zutaten ist auch ein „Alleinstellungsmerkmal"

Eine Bekannte lud mich vor einiger Zeit dazu ein, ein besonderes Café in Berlin-Kreuzberg zu besuchen. Ich wunderte mich schon etwas, denn Kreuzberg ist ein Stadtgebiet, das nicht gerade für exklusive Schlemmereinen bekannt ist. Nun, ich wartete mal ab. Insgeheim rechnete ich damit, ein schickes In-Café vorzufinden. Aber da sah ich mich mächtig getäuscht. In einer belanglosen Nebenstraße betraten wir einen ebenso belanglosen, überraschend kleinen Laden. Hinter dem schmalen Verkaufstresen wieselten drei Verkäuferinnen hin und her, die vollauf damit beschäftigt waren, die vielen Menschen, die sich im Laden drängten mit Kuchenpakete und allerlei hausgemachte Produkten zu versorgen.

Neben dem Tresen führte eine schmale Holztreppe in eine obere Etage, die mehr wie ein Podest für die Caféhausgäste mit kleinen Tischchen und zierlichen Stühlen eng möbliert waren. Alles dort oben sah nett aus, aber beileibe nicht aufregend. Ziemlich aufregend fand ich stattdessen die Preise für Kaffee und Kuchen, die wir dann bestellten. Ich sagte meiner Bekannten auch, dass ja hier Preise wie im Hotel Adlon aufgerufen würden. Sie aber sagte nur lächelnd, ich würde schon sehen, dass die Preise angemessen seien. Und genauso war es auch. Nie vorher hatte ich nämlich so gute Vanilleschnitten gegessen. Und der Kaffee schmeckte tatsächlich herausragend, wirklich bemerkenswert gut. Ich wusste gar nicht, dass Kaffee so gut schmecken kann. Es ist doch eigentlich bloß Kaffee.

Beeindruckt diskutierte ich mit meiner Freundin über dieses Café, das zu Recht weit über die es Stadtteils hinaus bekannt ist. Hier holt man sein Gebäck, wenn es etwas Besonderes sein soll. Und das bezieht sich auch auf ein erlesenes kleines Warenangebot von Hausgemachten. Da gibt es himmlische Marmeladen, diverse würzig eingelegte Oliven und andere Antipasti, sowie vegetarische Brotaufstriche. Ich wunderte mich über die stolzen Preise, die für alle die Leckereien die von den

Kunden anscheinend kommentarlos gezahlt wurden. Aber meine Begleiterin erklärte mir, dass es die erstklassigen Zutaten sind, die den Preis bestimmen würden. Es wäre der Stolz des Betreiberpaares, nur das Beste vom Besten zu verwenden. Und das schmecke man eben auch.

Interessant ist, dass diese Sorgfalt auch von den Kunden klaglos honoriert wird. Niemand bemängelt, dass sich die Preise für alle Angebote deutlich von denen der benachbarten Läden abhebt, wo gerade Gebäck zu einem Bruchteil dessen, was hier bezahlt werden muss, angeboten wird.

Ich gebe zu, ich war beeindruckt, bin es immer noch. Besonders auch davon, dass der ganze Rahmen des Ladens eher einen bescheidenen Eindruck macht und sich das auch nicht verändern soll, wie mir berichtet wurde.

Das Erfolgskonzept des Cafés: Hier setzt man das Thema Qualität wirklich konsequent um. Alle verwendeten Zutaten sind sorgsam gewählt. Ob es sich um verwendete Öle, um Gewürze, um Obst für die Torten und Kuchen, aber auch um die Marmeladen geht. An Stelle von Industriezucker finden Blütenzucker, Ahornsirup, Honig und Birnendicksaft Verwendung. Zum Backen wird nur gute Butter verwendet oder wenn es vegan sein soll, dann wird Kokosöl oder Kakaobutter genommen. Erwähnt werden soll in diesem Fall auch, dass in dem Café eine entspannte und familiäre Atmosphäre herrscht. Und das, obwohl die vielen Besucher eigentlich für eine drangvolle Enge sorgen. Man ist sich seiner Qualität in jeder Hinsicht bewusst. Das schließt auch einen stressfreien Umgang untereinander und mit den Gästen ein, die eben ein wenig länger warten, wenn ihre Bestellung nicht auf der Stelle ausgeführt werden kann.

Besonders sympathisch finde ich, dass nicht an eine Erweiterung des Ladens gedacht wird, dessen Zauber auf der Strecke bliebe, wenn er zu mehreren Filialen multipliziert würde.

Beeindruckend finde ich auch, dass hier ein gut laufendes Geschäft aufgebaut werden konnte, obwohl dafür nur die allernotwendigsten Investitionen vorgenommen worden waren, wie man mir erzählte.

Die Steppke-Bar – eine lohnende Geschäftsidee

Auch kleine und ganz kleine Menschen mögen es, auszugehen

Eine Tagesbar für Kleinkinder? Wer kommt denn auf sowas? Aber dass auch etwas völlig Neues eine gute Idee sein kann, zeigt mir eine Kinder-Bar, hier im Stadtviertel, die „wie´s Lottchen läuft" also immer knackevoll ist. Ich kenne diese Bar seit mehreren Jahren und besuchte sie selbst oft mit meinem Enkelkind, ab dessen 2. Lebensjahr.

Da hatten nette Leute in einer Nebenstraße vom größten Platz hier, eine große Parterre-Altbauwohnung mit hohen Decken gemietet. Diese ist bunt, einfach, aber kindgerecht möbliert und mit attraktivem Spielzeug für Kinder im Vorschulalter ausgestattet. Für Eltern gibt es gesellige Sitzecken.

Besonders ein riesiges Spielhaus ist Mittelpunkt des Interesses der kleinen Besucher. Es verfügt über mehrere Räume, Ebenen, Fenster, Podeste, Stufen und bietet immer einer ganzen, kletternden Kinderschar Platz. Durch die hohen Altbaudecken war es möglich, dieses Hausgefüge weitläufig, bunt und fantasievoll zu gestalten. Decken und Kissen regen immer neue Lust am Höhlenbauen und Versteckspielen an.

Insgesamt ist in Sachen Spielzeug in der Steppke-Bar für Kleine und Kleinste ausreichend gesorgt und wird immer wieder durch Neues ergänzt.

Der Aufenthalt in diesem Kinderparadies ist kostenlos. Einnahmen haben die Betreiber durch allerhand Leckeres, das gegessen und getrunken werden kann. Frisch gepresste Säfte und Smothies, aber auch Honigmilch und Kakao sorgen genauso wie delikate Kinderimbisse dafür, dass weder Hunger noch Durst aufkommen können.

Und die ständig frisch gebackenen Waffeln sind einfach legendär. Ich hatte nicht selten den Eindruck, dass diese duftenden Köstlichkeiten für meine kleine

Enkeltochter wie auch für andere „Steppkes" ein besonderer Anziehungspunkt sind.

Besonders erfreulich ist auch, dass die Begleitpersonen, nämlich die Muttis, Vatis oder Omas und Opas in kulinarischer Hinsicht auch nicht zu kurz kommen und sich an der Bar lecker und vielseitig verköstigen können.

Ein besonderes Highlight aber waren (und sind noch immer) die Wochenend-Frühstücks-Buffets. Samstag und Sonntag kann man sich dann gegen einen Pauschalpreis an der reich gedeckten Frühstücksbar üppig bedienen, die für jeden Kinder- aber auch Erwachsenen-Appetit feine Angebote führt.

Diese Wochenendbüffets werden so eifrig genutzt, dass man nur mit Vorbestellung einen Platz ergattern kann.

Das Erfolgskonzept der Steppke-Bar: Zuallererst war da diese außergewöhnliche Idee und der Mut zum Risiko. Wie mir die Betreiber erzählten, hat es schon einige Wochen bis Monate gedauert, „bis die Hütte sich langsam füllte".

Das Angebot wurde zunächst etwas zögerlich angenommen, dann aber voller Begeisterung, denn wo sonst kann man denn so schön spielen gehen mit der kleinen Rasselbande, wenn nicht dort, wo andere Kinder zugange sind und Mütter und Väter sich ebenfalls treffen und austauschen können.

Werbung wurde ausschließlich mit Flyern gemacht, die auf dem benachbarten Markt, der an den Wochenenden stattfindet, unzähligen Leuten, die mit Kindern unterwegs waren, in die Hand gedrückt. Und in sämtlichen Geschäften aller Branchen, die im Stadtgebiet in der Nähe sind, wurden die Flyer ebenfalls ausgelegt. Vor allem aber hat Mund-zu-Mund-Propaganda hier sehr geholfen.

Freilich wird immer dafür gesorgt, dass die Räume der Steppke-Bar immer wieder mal neue Attraktionen für die kleinen Besucher bieten und auch die „Großen" sich auf neue kulinarische Überraschungen freuen können.

Die Schokoladenjungs

Beengte Hinterhofräume – riesiger Einsatz – noch größerer Mut

Ich lebe ja in einem Altbau im Vorderhaus, das noch über einen Seitenflügel und zwei Hinterhöfe verfügt.

Im hintersten Haus haben junge Leute einen Großhandel eingerichtet. In drangvoller Enge, inmitten von Stapeln von Kartons drängeln sich Schreibtische mit allen Gerätschaften, die heutzutage für eine moderne Firmenabwicklung unabdingbar sind. Dazu gehören hier neben sämtlichem Bürozubehör auch Waagen, ein Vakuumierer, Drucker und natürlich diverse Rechner.

Die Betreiber des Handels sind auf den Zug aufgesprungen, der seit geraumer Zeit die Nation überrollt. Ich meine den ***veganen Trend***, der derzeit buchstäblich „in aller Munde" ist.

In diesem Fall geht es um Kokosprodukte und Kakaobohnen und ihre Produkte. Durch diese jungen Leute in meinem Hinterhaus habe auch ich die Vorzüge von Palmblütenzucker kennengelernt. Und ich backe seither statt mit „guter Butter" nur noch mit Kokosöl, Kakaobutter und Kokosmus.

Und ich kann nicht genug darüber staunen, wie gut die Gerichte damit gelingen, denn auch kochen und braten funktioniert mit den vielseitigen Zutaten aus dem Urwald auf die leckerste Art.

Und der Kakao, den ich aus dem natürlichen, puren Schokoladenpulver ohne jeden Zusatz, nun mit Sojasahne bereite, habe ich derart gut schmeckend noch nie genossen. Ich will hier nicht aufzählen, was es alles für köstliche Produkte gibt, die inzwischen zum Angebotsspektrum meiner „Schokoladenjungs", wie ich sie insgeheim nenne, gehören. Aber immer muss es allererste Qualität sein. Das ist sicherlich auch ein Hauptgrund für den wachsenden Erfolg. Und das, trotz der durchaus auch bemerkenswerten Preise …! Nichtsdestotrotz: der Laden brummt! Aber – diese guten Ergebnisse fallen nicht vom Himmel. Wenn ich meine kleinen privaten Bestellungen dort abhole, kriege ich mit, was so alles unternommen wird, um immer neue Kunden dazu zu gewinnen. Es versteht sich, dass auch die Nachbarschaft sich inzwischen mit allen den feinen Produkten eindeckt, die es sonst nirgends in dieser Qualität im Stadtteil gibt. Es ist auch kein Geheimnis, dass es für uns begeisterte Nachbarn auch einen netten Nachbarschaftsrabatt gibt. Aber das ist nur eine der vielen Aktionen, die von den „Schokoladenjungs" unternommen wird, damit die Nachfrage wächst. Die jungen Herren tummeln sich eben und sind außergewöhnlich aktiv.

Das Konzept der Schokoladenjungs: Zunächst einmal ist der Zeitgeist erkannt worden und der nigelnagelneue Trend wurde direkt aufgegriffen: ***edel und natürlich und vegan!*** Ohne viel Geld hat man in einem einzigen Büroraum mit wenigen Produkten erstmal einfach nur beherzt, ohne Wenn und Aber mit der Arbeit begonnen. Die Schreibtische waren zunächst nur provisorisch, das Verpacken erfolgte in einer kleinen Nachbarkammer. Aber – man rührte sich. Dazu gehörte es, alle Messen zu besuchen, bei denen man die Angebote präsentieren kann. Besonders wichtig aber war und ist die Akquise. Dazu werden alle Versandhandlungen abgeklappert, aber auch Restaurants, die vegane Angebote auf ihrer Speisekarte haben.

Ja, und dann wächst die Liste der Produkte, die einzigartig in der Qualität sind, laufend. So gibt es beispielsweise Cashew-Nüsse, die völlig unbehandelt so kostbar und wohlschmeckend sind, wie ich sie bisher nicht kannte. Eine Variante davon sind diese Nüsse, die als kostbare Schokoladen-Nibs ein unvergleichlich leckerer und nobler Snack sind. Die Ideen für immer neue Angebote gehen anscheinend nicht aus. Und der Handel bei mir im Hinterhof blüht, weitet sich aus und hat bereits benachbarte Räume hinzunehmen müssen. Wenn man diese betritt, spürt man den Elan, mit dem dort die Geschäfte gemacht werden. Und das ist vielleicht der Hauptgrund für Wachstum und Erfolg. Übrigens gibt es nun auch zwei junge Frauen, die zum Erfolgsteam gehören.

Ein guter Internetauftritt und edles Prospektmaterial dokumentieren das Image dieser erfolgreichen Hinterhof-Firma.

Jeans und andere Klamotten modisch gepimpt

Bunt, bunter am buntesten – man muss sich mal was trauen

Ich habe nicht schlecht gestaunt, als ich in dem kleinen Schaufenster eines ebenso kleinen Geschäfts die Auslagen betrachtete. Dort waren lauter bunt bestickte Stoffstückchen zu betrachten. Es gab diverse Tiermotive, Blumen, Wappen, Häuser, Landschaften, Sonne, Mond, Sterne und unzählige Fantasiemotive.

„Wer kauft denn sowas?" dachte ich und hegte mitleidige Gedanken für die junge Unternehmerin, die man durch die Schaufensterscheibe an ihrer Nähmaschine sitzen sah.
Ich konnte mir nur schwer vorstellen, dass sich ein solches Geschäftchen lange halten könnte. Aber ich wurde eines Besseren belehrt. Bald hing draußen an der Hausfassade, wie eine Fahne in den Bürgersteig ragend eine Jeans, die bunt bepflastert war mit eben solchen bestickten Stoffteilchen, wie sie offensichtlich in endlosen Varianten angefertigt wurden. Flott sah das aus. Und ich konnte mir nun doch vorstellen, dass sich hier ein Trend anbahnte. Und genauso kam es.
Immer häufiger sah man nun hier in unserem Stadtgebiet, Hosen, ja auch Jacken und Handtaschen, auf denen besagte Aufnäher angebracht waren. Aber auch die praktische Seite wurde mir klar. mit diesen bunten kleinen Kunstwerken kann mancher Riß verschwinden, wird also jede kaputte Stelle an einem Kleidungs-stück, besonders auch bei Kindern, zugepflastert, und somit modern aufgepeppt. Und siehe da, überall in der Stadt begegneten mir dann diese bunten „Pflaster" und ich stellte erfreut fest, dass diese nette Idee „angekommen" ist und ganz offensichtlich schon zum Selbstverständnis geraten war.
So fand ich es auch nicht verwunderlich, als in einer Fernseh-Doku über unser Stadtviertel, besondere Geschäftsideen „aus dem Kiez" vorgestellt wurden. Mein kleiner Nachbarladen wurde von den Moderatoren als hübsche Besonderheit ausführlich präsentiert und belobigt. Und inzwischen hat es sich auch in ganz

Berlin und sogar überregional herumgesprochen, welche hübschen Entwürfe man für alle Gelegenheiten kaufen oder bestellen kann.

Das Konzept: Hier hat jemand seine geliebte Idee einfach in die Tat umgesetzt Und das entgegen alle „guten Ratschläge" wohlmeinender Mitbürger. Die Existenzgründerin w u s s t e einfach, dass es ihr gelingen kann, ihre Produkte, mit genau der Energie zu versehen, die Kunden zu überzeugen vermag.

Freilich war es nötig, auch im Internet die fantasievollen und ausgefallenen Entwürfe zu bewerben. Dazu kam, dass ein kleiner Katalog an viele passende Firmen versandt wurde und auch als PDF an Werbe-E-Mails gehängt wurde.

Heute beschäftigt die Firmengründerin einige Heimarbeiterinnen, die ihr dabei helfen, die Aufträge zu bearbeiten, die nun fast täglich eintrudeln.

Der kleine Laden ist zu einer richtigen kleinen Firma geworden. Die „Bedarfsnische" war nicht wirklich augenscheinlich gewesen. Vielmehr sind die Kunden durch die lustigen Angebote darauf aufmerksam gemacht worden, dass es doch vielleicht nett wäre, die eigenen Klamotten, oder die der Kinder, so bunt und fantasievoll zu dekorieren. Und als praktisch hat sich die ausgefallene Idee auch noch erwiesen.

Bemerkenswert ist wie einfach und bescheiden und ohne größere finanzielle Investitionen das Geschäft seinen Anfang genommen hatte.

Fleißiger Einsatz und unerschütterliche „Siegesgewissheit" waren und sind hier die Erfolgsmotoren.

*Diese Geschäftsidee konnte wider alle Prognosen zu einem vollen Erfolg werden. Hier greifen wieder die eindrucksvollen Goetheworte auf: „Wer mit **Herz** und **Blut** auf Unmögliches sinnt, der gewinnt!"*

Schmuck und Edelsteine – und das an diesem Standort?

Ein Juwelier, hier in diesem bescheidenen Stadtviertel? Ich hätte mich das nicht getraut

Wer in einer solchen konkurrenzträchtigen Branche bestehen will, muss sich wirklich etwas einfallen lassen, denn die edle Schmuckgegend ist das hier nun nicht. Da muss schon etwas Besonderes geboten werden. Und allzu teuer darf es auch nicht sein in diesem Stadtteil.
Schicki-Micki sind hier eher nicht beheimatet. Hier wohnt vielmehr ein etwas alternatives, vorwiegend junges Publikum mit Öko-Neigungen.

Und so ist es um so erwähnenswerter, dass in meiner Straße ein Schmuckgeschäft erfolgreich ist und sich gegen die übergroßen Konkurrenzangebote aus Internet und in Kaufhäusern behaupten kann. Und das gelingt offensichtlich durch ganz besondere Angebote und speziellen Service.
Neben hübschem Schmuck, der auch attraktiv in dem Schaufenster präsentiert wird, geht es in diesem Laden *auch um die Heilkraft der Edelsteine*, wie sie auch schon im Mittelalter von der berühmten Klosterfrau, der heiligen Hildegard von Bingen, eindrücklich beschrieben wurde und in der Naturheilkunde noch heute, oder wieder heute, große Beachtung findet.
Der beschriebene Schmuckladen hat in seinem Angebot auch Edelsteine, die zu den Sternzeichen passen oder die als „Handschmeichler" in der Tasche getragen werden können und auch als Tischschmuck, Lampen oder Skulpturen das Heim verschönern können. Dabei soll der Lebensraum, in dem wir uns aufhalten, energetisch aufgeladen, respektive von Strahlen befreit werden, wie man es beispielsweise dem Rosenquarz zuschreibt.
Als Besonderheit gibt es Halbedelsteine, die in Karaffen dem Trinkwasser beigefügt werden, diesen Trank veredeln sollen und an ihn jeweils, den speziellen Steinmischungen entsprechend, ihre besondere Energie verleihen sollen.

Aufsteller auf der Straße fallen jedem Vorbeikommenden ins Auge und weisen auf aktuelle Angebote wie auch auf kleine Edelsteinkurse hin, die von Zeit zu Zeit veranstaltet werden.

Jeder Vorbeikommende kennt diesen hübschen Laden und wirft gerne immer wieder einen Blick in die fantasievoll dekorierten Schaufenster oder geht einfach in den Laden, um neuen Schmuck oder Steine zu bewundern.

Wenn man ein kleines oder größeres Geschenk sucht, wird man hier in jedem Fall fündig. Und auch preislich hat man die Wahl zwischen größerer Investition oder minikleinem Euro-Aufwand.

Alles in allem hat sich hier ein bildschöner Laden fest etabliert, der ständig etwas Besonderes zu bieten hat und dessen Auslagen den Passanten auch immer wieder Freude macht.

Das Konzept: Dieser Juwelier ruht sich nicht auf Exklusivität aus, sondern passt sein Angebot immer wieder fantasievoll den Bedürfnissen der recht jungen Bevölkerung an, die hier ansässig ist und auch an natürlichem Heilen und gesundem Leben interessiert ist. Das ist ein Beweis dafür, dass auch eine an sich konservative Branche sich durchaus dem Zeitgeist anpassen kann. Hier wird zu Vorträgen eingeladen und wechselnde Angebote lenken die Aufmerksamkeit ständig auf die edle Ware. Wenn jemand über ein Geschenk nachdenkt, kommt einem, wie selbstverständlich, zuerst einmal der Schmuckladen in den Sinn, der auch für seine liebenswürdige und kompetente Beratung bekannt ist.

Nett finde ich auch, dass es in dem Laden auch eine große Auswahl von kleinen „Mitbringseln" gibt, sodass auch Berlin-Besucher sich für ein kostbares, nicht unbedingt kostspieliges Souvenir entscheiden können.

Die Werbung für diesen Laden wird ausschließlich über die Schaufensterdekoration gemacht, die immer als ***Eyecatcher*** fungiert. Und die auffälligen Aufsteller auf dem Bürgersteig vor dem Geschäft werden von keinem Passanten übersehen. Jeder, auch Vorbeieilende, nimmt zur Kenntnis, welche aktuellen und immer ausgefallenen Angebote gerade präsentiert werden.

Veganer Treffpunkt – trotz Überfüllung – heißer Tipp

„Dranbleiben" – das war hier die Devise – „und sich nicht beirren lassen!"

Wer hätte das gedacht. Unmittelbar neben meinem Wohnhaus gibt es seit Jahren ein kleines veganes Café. Es hat einen französischen Namen und vor der Tür stehen pinkfarbene kleine Tische und genauso rosa Stühlchen.

„Nett", dachte ich, und nahm mir vor, auch mal von den üppigen Torten zu probieren, die ich beim Vorbeigehen auf den Tellern der Café-Kunden schon öfter bewundert hatte. Das war etwa vor 2 Jahren. Als ich dann endlich dazu kam, meinem Nachbar-Café einen Besuch abzustatten, kam ich in den relativ kleinen, schmalen Raum, der an einer Glastheke endete, die ein überraschen reiches Sortiment von unterschiedlichen, prächtigen Torten enthielt. Ich hatte zu dieser Zeit von dem Thema VEGAN noch nicht viel Ahnung. Ich bin zwar selbst seit vielen Jahren Vegetarierin, aber vegan? Das klang mir dann doch sehr nach „fanatisch" und vor allem nach Verzicht. Und nun war ich plötzlich konfrontiert mit solchen üppigen Schlemmereien, wie ich sie eher einer gut sortierten Konditorei zugeordnet hätte.

Aber das Café war gut besucht. Allerdings konnte ich mir kaum vorstellen, dass so ein Laden viel abwarf. „Zu klein, dachte ich zu eng, nur 3 Tische innen und 3 Tische außen, das kann sich nicht rentieren."

Ich bestellte mir ein besonders verführerisch gestaltetes Sahnetortenstück und war erst mal enttäuscht. Die Cremetorten sahen himmlisch aus, die Cremes aber waren auf Margarine-Basis bereitet. Nix für mich. Nicht übel, aber lecker ist für mich anders. Sicher sind die Kunden „vegane Hardliner", die alles in Kauf nehmen, wenn es nur nicht vom Tier ist, waren meine Überlegungen.

Inzwischen denke ich ganz anders darüber. Ich koche selbst zeitweise vegan und kenne heute viele Möglichkeiten, Mahlzeiten, ja auch Kuchen und Torten so köstlich zuzubereiten, dass geschmacklich nichts vermisst wird, im Gegenteil, meine eigenen Kreationen von Kuchen und Torten, ja auch von Keksen, sind in meinem Umfeld längst legendär und werden von meinen Familienleuten gerne „nachgeordert". Man lernt ja dazu.

Und genauso hat es sich wohl auch in meinem kleinen Nachbarcafé entwickelt. Allerdings war hier sicherlich ein gelernter Konditor gleich zu Anfang zugange gewesen. Die üppigen Cremetorten sahen einfach zu professionell aus, als dass ein Laienmensch sie hätte herstellen können.

Aber das heißt ja noch lange nicht, dass man auch an der „veganen Front" schon als Profi mitmischt. Da bedurfte es dem Erkunden von allen neuen Möglichkeiten, die das Backen ohne Tierisches, wie Milchprodukte, Quark, Sahne und Milch oder auch Eier ermöglichte. Und alles sollte so fein schmecken, dass auch verwöhnte Gaumen nicht vermissten.

Aber „ich blieb jedenfalls dran" und beobachtete sorgsam, was so alles möglich war und wie andere Veganer die „Aufgabe" lösten. Und genau das gelang hier nun auf die vielseitigste und fantasievollste Weise. Nix mehr mit Margarine & Co. Sojaprodukte, Kokosprodukte und Nussmus-Zubereitungen, wie auch edle Fruchtsirupe bieten jetzt eine Fülle von Möglichkeiten, um verführerische Kuchenrezepte zu verwirklichen. Und dafür ist der Laden heute berühmt.

Das Erkunden von aktuellen Trends, Loslassen von eingefahrenen Gewohnheiten, Profitieren von aktuellen Entwicklungen und das Lernen, damit umzugehen, das war hier das Ziel. Sicherlich gibt es nur selten ein Café, das eine solche Auswahl von veganen Cremetorten bietet wie meine Nachbarn.

Werbung muss dafür nicht mehr gemacht werden. An Gästen ist hier kein Mangel. Es hat sich längst herumgesprochen, wo so üppig geschlemmt werden kann. Das Alleinstellungsmerkmal ist das konsequent vegane Angebot, das dennoch dem Schlemmerfaktor viel Raum bietet. Und dem Staunen, was vegan-kulinarisch so alles möglich ist.

Junge Leute haben sich was getraut und sich getummelt. Das ist damit belohnt worden, dass mein Nachbarcafé nun „très chic" ist.

Erfolgsverhinderer, sie sind einfach zu ermitteln!

Beispiele zeigen auf, wo „es hakt", wo umgedacht und mehr Einsatz erbracht werden müsste.
Genaues Hingucken und ehrliche Analysen zeigen die Schwachpunkte, die Schuld daran sind, dass es nicht so läuft, wie es gewünscht, ja eigentlich auch geplant war.

1. Mühsame Praxisführung
2. Heilpraktiker Holger kannte sein Ziel gar nicht

Bewusst habe ich für diese „Beweisführung" therapeutische Praxen gewählt.

Es sind ja insbesondere die Menschen, die in Berufen tätig sind, die mit Heilen, helfen und anderen sozialen Leistungen zu tun haben, die sich mit dem Thema Geschäftsführung so schwer tun.

Hier führt dann der ausbleibende Erfolg, zu Erstaunen und auch zu Frustration, denn alles ist ja mit besonders viel Idealismus begonnen worden.
Gelegentliche Werbeaktivitäten sind dann oft gut gemeint, laufen aber in die falsche Richtung und sind wenig effizient.

Mühsame Praxisführung

Auch eine therapeutische Praxis bedarf des ökonomischen Erfolges

Vor 3 Jahren lernte ich eine nette Heilpraktikerin kennen. Sie hatte in meinem Stadtgebiet Flyer verteilt, auf denen sie Massagen zum Sonderpreis anbot.

„Uiii" dachte ich, da ist aber jemand mühsam zugange, um seine Praxis bekannt zu machen.

Neugierig geworden, rief ich die angegebene Telefonnummer an und vereinbarte einen Massagetermin. Es war dann gar nicht so leicht, die Adresse dafür zu finden. Ein Praxisschild jedenfalls war an der Hausfassade nicht auszumachen. Und auch die Klingelparade gab keine eindeutigen Hinweise. Im Parterre existierte lediglich eine Praxisgemeinschaft, in der eine Kosmetikerin, eine Fußpflegerin, eine Fußreflextherapeutin, ein Masseur und der Name „meiner Heilpraktikerin" aufgelistet waren. Das musste es also sein. Nichts wies hier auf eine Naturheilpraxis hin. Aber der Name stimmt ja schon mal. Auf mein Klingeln öffnete mir eine sympathische Dame, die ich auf etwa Ende 30 schätzte und die sich als die Heilpraktikerin vorstellte, mit der ich meinen Termin verabredet hatte. Ich nenne sie hier Frau X. Auf mein Befragen, gab sie mir freundlich Auskunft, dass sie zwei kleine Räume hier in dieser Praxisgemeinschaft nutze. Sie zeigte mir auch einen Seminarraum, der von verschiedenen Kolleginnen und Kollegen je nach Bedarf belegt wurde. Die anderen Praxisräume teile man sich, in einer Art von Schichtsystem. Lediglich meine Heilpraktikerin hätte ihre Behandlungsräume für sich alleine.

Bei der Massage dann, die ich als sehr angenehm und professionell empfand, kamen wir ins Gespräch. Frau X erzählte mir, dass ihre Praxis nur so „lala" liefe. Aber auch ihre Berufskollegen- und kolleginnen würden darüber klagen, dass es in Berlin einfach zu viel Konkurrenz gäbe. Ich erwähnte, dass es schade wäre, dass sie über keine sichtbare Außendarstellung verfüge. Das bestätigte sie und verwies auf die Praxisgemeinschaft, die schon lange ein Werbeschild plane, auf dem alles deutlich auszumachen wäre. Aber man käme nicht so recht „in die Hufe", zumal sich die Praxisbelegschaft öfter mal ändern würde.

Ich fragte neugierig nach ihren weiteren Werbeaktivitäten. Ja, sie mache öfter mal diese Werbung für Massagen zum Aktionspreis. Das brächte auch immer etwas. Und daraus resultierten dann auch Patienten. Sie wäre ja auch ausgebildete medizinische Masseurin, wenngleich das nicht gerade zu ihren Lieblingsbeschäftigungen gehöre. Es wäre halt schön, wenn sie sich ausschließlich auf ihre Naturheilpraxis konzentrieren könnte.

Sie habe sich auch von ihrer Website mehr versprochen. Diese hätte bei einem Webmaster viel Geld gekostet und wäre auch gut platziert, nämlich auf der ersten Seite bei Google, wenn man nach „Heilpraktiker Berlin" suche.

Ich war ja auch soeben hier in Berlin neu zugezogen und es fehlte mir noch an sozialen Kontakten mit Menschen, die sich mit ähnlichen Themen beschäftigten, wie ich und so verabredete mich mit Frau X mal zum Kaffee und auch zum Essen. Über ihre Praxis hatte ich mir so meine Gedanken gemacht und meine Hilfsbereitschaft war ja längst geweckt.

Und es bedurfte keiner detektivischen Suche, um herauszufinden, weshalb hier eine Naturheilpraxis nur so dahindümpelte, obwohl die Betreiberin durchaus engagiert arbeitete und besonders kompetent auf ihrem Spezialgebiet, der Kräuterkunde und der Irisdiagnose war, wie ich mich inzwischen überzeugen konnte. Frau X arbeitete zudem sehr erfolgreich mit Teedrogen und verfügte über einen kleinen und treuen Patientenstamm, der auf ihre Fähigkeiten schwor. Aber – von einem ökonomischen Erfolg war die Praxis meiner Frau X weit entfernt.

So bot ich ihr meine Erfahrungen an. Denn ich hatte ja jahrelang Coaching-Seminare für Therapeuten gehalten, die in meinem ehemaligen *Seminarhaus Hoher **Vogelsberg*** in Hessen auch andere Ausbildungskurse belegten konnten. Ich wusste daher aus Erfahrung, dass Therapeuten sich besonders schwer darin tun, neben ihrem Engagement als Heiler auch die marktwirtschaftliche Seite einer Praxis zu berücksichtigen. Der Grund dafür ist oft auch die Scheu, ein so soziales

Tun, wie die Arbeit des Heilens, mit Geschäftssinn zu verbinden. Da gerät dann die eigene Moralverstellung oft mit einem nötigen Geschäftssinn in Konflikt. Dazu habe ich hier in diesem Ratgeber in einem Artikel über einen anderen Heilpraktiker geschrieben, der äußerte: „Ich will heilen, nicht werben!"

Analyse der augenscheinlichsten Fehler

1. Fehlen eines genauen Geschäftskonzeptes (Masterplan mit allen Punkten)
2. Fehlen eines attraktiven und klaren Behandlungskonzepts
3. Fehlen von deutlich erkennbaren Alleinstellungsmerkmalen
4. Fehlen einer Außendarstellung wie Praxisschild, Flyer, Visitenkarten
   Flyer mit Praxisangeboten und Aktionen (Massage ist hier nur ein Lock-Angebot, kein Behandlungsangebot)
5. Fehlen einer wirklich aussagefähigen Website mit deutlicherer Spezifizierung. Statt mit Fotos von den Praxisräumen zierten hier Blumen die Website. Das Werben mit „Heilpraktiker Berlin" ist zudem viel zu allgemein. Suchende wählen nach Spezialgebieten und Wohnvierteln.
6. Fehlen von Seminarangeboten: Infoseminaren, Fachseminaren, Veranstaltungen, um Kunden die Therapiemöglichkeiten vorzustellen.

Coachingplan nach meinen Vorgaben

Masterplan: Alle Aktivitäten, die für eine vielseitige Werbung geplant sind, auflisten und Punkt für Punkt „abarbeiten". Hier gilt auch der Slogan: „Ein bisschen schwanger geht nicht!" Dazu gehört auch das genaue Definieren des Geschäftszieles und tägliche energetische Unterstützung des Unterbewusstseins.

Behandlungskonzept unbedingt spezialisieren. Hier die Kräuterkunde. sowie diverse Diagnoseverfahren herausheben. Hinzunahme von energetischen Behandlungsweisen, wie Japanisches Heilströmen, Meridianklopfen, BSFF.

Dafür Patienten einbinden in Teamarbeit mit ihrer Therapeutin (schafft Patientenanbindung). Patientenbeurteilungen sammeln und auf veröffentlichen.

Alleinstellungsmerkmal: Herausstellen von Teamarbeit („Hausaufgaben an Patienten"), Behandlungsslogan z.B.: „Kräuterdrogen und Energie-Verfahren - die erfolgreiche Allianz".

Infoveranstaltungen im eigenen Seminarraum. Dabei Listen führen für Seminaranmeldungen und kostenlose Einzelberatungen. Kleine Kurse mit geringer Seminargebühr, ***Beispiele***: „Diabetes: Ernährung ist der Schlüssel", „Japanisches Heilströmen für Selbsthilfe", Rheuma ohne Schmerzschübe, „Meridianklopfen gegen Ängste", „Sport ohne Zeitaufwand", u. a. m.

Auffallendes und edles Praxisschild an der Hausfassade. Auch wenn es teurer ist, abgrenzen von den anderen Therapeuten. Den Seminarraum aufpeppen mit schönem Licht, Blumen, Duftlampe, Flipchart. Bücher zum Thema auslegen (einladend)

Website: Suchmaschinengerecht aufbereiten. Lernen, diese selbst zu bauen, und immer wieder zu ergänzen. Genaue Behandlungsangebote. Beispiele aus Seminaren und der Teamarbeit mit den Patienten (Vorsicht, keine Heilversprechen), wie diese beispielsweise Selbsthilfe nutzen für den Alltag und eigene Heilung unterstützen. Illustrieren mit Praxisthemen, nicht Blumenmustern.

Öffentlichkeitsarbeit: Seminare und Infoveranstaltungen sind die besten Quellen für Patientengewinnung. Dazu meine Artikel: „Infoveranstaltungen" in diesem Buch. Empfehlung meines RATGEBER-Buches „***erfolgreich reden!***"

Pressearbeit: Teure Inserate lohnen kaum noch, dafür aber Artikel, die man über die Sachgebiete schreibt und den kostenlosen Anzeigenblättern anbietet, gegen Erwähnung der Praxis und Veranstaltungen. Es zahlt sich aus, einen guten Kontakt zur Presse aufzubauen. Wenn Inserate geschaltet werden, dann nur 2-Zeiler mit Hinweis auf die Website. Amtsblätter der Gemeinde veröffentlichen kostenlos.

Selbstbewusstes Auftreten: Immer und überall das Gespräch auf die Praxis, die außergewöhnlichen Behandlungsmethoden und die Teamarbeit mit den Patienten bringen. Jeweils zu den aktuellen Infoveranstaltungen und Seminaren einladen. Flyer und Visitenkarten überreichen. Gesprächspartner bringen Sie dann im Laufe der Zeit in Zusammenhang mit Ihrem Tun und erinnern sich bei „Bedarf!"

Nach eingehender Beratung wollte sich meine Heilpraktikerin Frau X auf meine Vorschläge einlassen. Aber wie das öfter so ist, sind meine Vorschläge zunächst begeistert aufgenommen und teils auch umgesetzt worden. Die Situation der Praxis hat sich auf jeden Fall verbessert, auch schon dadurch, dass energetische Heilweisen (wie MERIDIANKLOPFEN) heute das Behandlungsangebot bereichern und ergänzen. Ein schönes Praxisschild ist angeschafft worden und die Klingel weist unmissverständlich auf die Naturheilpraxis hin. Von Zeit zu Zeit gelingt es, einen Kursus für Japanisches Heilströmen zusammenzustellen. Und daraus resultieren dann auch Patienten. Zumindest sind nun keine Massage-Angebote mehr erforderlich, um die Praxis am Leben halten.

Aber wirklich zufrieden bin ich mit dem Ergebnis nicht. Die Vorgaben sind nur halbherzig erfüllt. Wo sie angewandt wurden, waren sie erfolgreich. Daraus lässt sich schließen, dass es kein Hexenwerk ist, eine Praxis zu ökonomischer Rentabilität zu führen, wenn man sie (auch) als Geschäftsbetrieb betrachtet und einen aufgestellten Masterplan tatsächlich Punkt für Punkt abarbeitet. Ich bin froh, dass ich meiner Frau X ein wenig helfen konnte. Enttäuscht bin ich darüber, dass sie den Mut nicht hatte, die Selbst-_**ständig**_-keit nicht durch SELBST und STÄNDIG zu dem möglichen Erfolg zu führen, wie es sich ja verheißungsvoll bereits angelassen hat. Statt dessen begnügt sie sich nun mit dem einigermaßenen Erfolg, den sie durch halbherziges Tun ja auch erreichen konnte. Ich hätte mir und besonders natürlich ihr, mehr Ehrgeiz gewünscht, denn das gehört zu einer erfolgreichen Praxisführung, nach meinem Verständnis jedenfalls, einfach dazu.

Heilpraktiker Holger kannte sein Ziel gar nicht

In einem meiner Coaching-Seminare stellte einer der Teilnehmer seine eigenen, erfolglosen Bemühungen um Praxiserfolg zur Diskussion.

Passendes Erfolgskonzept für Naturheilpraxis fehlte

Holger J., ein Heilpraktiker klagte darüber, dass der berufliche Erfolg sich nicht so richtig einstellen wollte. Er liebe es zwar sehr, seinen Beruf auszuüben, hatte diverse Zusatzausbildungen und verfügte über eine schöne Praxis in einer mittelgroßen Stadt. Die wenigen Patienten, die er bisher behandeln konnte, waren auch hoch zufrieden und empfahlen ihn und seine Praxis immer mal wieder weiter. Aber es reichte einfach nicht. Von dem bisher nur geringen Verdienst konnte kein Mensch leben. Holger J. hatte sich die Praxisführung leichter vorgestellt. Nun hatte er sogar wirtschaftliche Sorgen und er überlegte, wie er noch einen zusätzlichen Verdienst anderswo erreichen könnte.

Holger J. nahm an einem *Erfolgs-Seminar* teil, das ich in meinem damaligen Seminarhaus leitete, wo ich ihn kennenlernte. Holger J. hoffte, mit unserer Hilfe einen Weg für sich zu finden, um seine Praxis rentabler zu gestalten.

Ich forderte die anderen Seminarteilnehmer dazu auf, die berufliche Situation von Holger J. zu analysieren. Dabei konnte eine ganze Reihe von Gründen ermittelt werden, die als *unverkennbare Erfolgsverhinderer* augenscheinlich waren. Durch diese Ansicht erhielten die anderen Teilnehmer des Kurses gleich selbst praktische Anschauungen, wie die ökonomischen Zusammenhänge bei einer Praxisführung sich darstellen und sich in der Regel lösen lassen.

Ein genaues Ziel wurde nicht definiert

Von Anbeginn an hatte sich Holger J. keine Gedanken darüber gemacht, was er eigentlich erreichen wollte. Er wollte Heilpraktiker sein und er war von seinem

Können überzeugt. Das war das Einzige, was er wusste. Er glaubte, mit dem Eröffnen der Praxis würde sich dann schon alles andere ergeben.

Werbung war gar nicht vorgesehen
Holger J. ging davon aus, dass es reichen würde, ein Praxisschild an der Hausfassade zu haben. Außerdem hatte er ja anfänglich eine Anzeige in der Tageszeitung geschaltet, die auf die Eröffnung seiner Praxis hinwies.

Patienten kamen rein zufällig in die Praxis
Nun ist es Ärzten und anderen Therapeuten in Heilberufen nur in begrenztem Umfang erlaubt, für ihre Tätigkeit zu werben. Aus diesem Grunde ist es nötig, sich mit Aktivitäten in der eigenen Region zu präsentieren, die ein breites Publikum ansprechen und sich besonders auf die Bedürfnisse von künftigen Patienten beziehen könnten. Dies, unter Berücksichtigung der gesetzlichen Bestimmungen, also ohne Heilversprechen zu machen. Nichts davon nutzte Holger J. Darüber machte er sich gar keine Gedanken. *Er wollte heilen und nicht werben*, wie er unmissverständlich äußerte.

Das passende Konzept mit genauer Zielsetzung
Zunächst formulierte Holger J., auf meine Aufforderung hin, erstmalig (mit Unterstützung der anderen Seminarteilnehmer) die genauen Ziele seiner Selbständigkeit. Sie lauteten:

- ✓ *„Ich will eine gutgehende Praxis führen. Dafür soll mein Terminkalender täglich gefüllt sein." „Das werde ich bis zum Ende des Jahres erreicht haben."*
- ✓ *„Ich möchte, dass meine Familie und ich von meiner Praxisarbeit sorgenfrei leben können. Das werde ich bis zum Ende des kommenden Jahres geschafft haben. Dafür erreiche ich einen Monatsumsatz von x €.*

- ✓ *Ich erstelle ein Konzept, das alle Werbemöglichkeiten, die mir bekannt sind, berücksichtigt. Ich werde diese Punkte Schritt für Schritt in die Tat umsetzen.*
- ✓ *Ich werde die Energiearbeit, die ich bislang eher für meine Patienten eingesetzt hatte, auch für mich anwenden, um alle Hemmungen zu überwinden, die meiner Öffentlichkeitsarbeit bisher im Wege standen.*
- ✓ *Ich werde meinen Patienten die Therapie anempfehlen, die ihnen meiner Auffassung nach hilft, obwohl ich bisher Hemmung hatte, auf teure Anwendungen hinzuweisen oder sie anzubieten.*

Nun galt es noch, die richtigen Maßnahmen festzulegen.
Von den vielen Vorschlägen die durch die Seminarteilnehmer erarbeiteten wurde, entschied sich Holger J. für die, zu ihm passenden.
Er füllte sein Terminbuch mit genau den Maßnahmen, die er selbst ergreifen wollte und die er akribisch ausführen wolle, damit er öffentliches Interesse erwecken kann.

Das waren diverse *Seminarangebote* in seinen Praxisräumen für <u>Ernährung</u> in der Familie, für <u>Schlankheit</u>, über <u>Bachblüten</u> als Hausapotheke, für <u>Pflanzenkunde</u> im Hausgebrauch, für Bewegung und <u>Sport als Heilmittel</u>, <u>Meridiantechniken</u> bei Stress, Thema <u>Schlaflosigkeit</u>, <u>Anti-Aging</u> zum Nulltarif und manches andere.
Er wollte für jedes der Seminare nur einen geringen Teilnahmepreis berechnen. Das aber läpperte sich auch und würde ihm ein regelmäßiges Zusatzeinkommen gewährleisten.
Die Werbung dafür wollte er über Flyer und kleine Anzeigen machen.

Jede Woche sollten von ihm zudem kostenlose *Vorträge* zu jeweils einem anderen Gesundheits-thema angeboten werden. Da ging es dann um Rheuma, Arthrose,

Depressionen, Herz-Kreislaufproblemen, Allergien und anderen Erkrankungen, für die er die passenden Therapien anbieten kann.

Aus den Seminaren und Vorträgen kann Holger J. dann die Patienten für seine Praxis werben.

Holger J. machte sich auch klar, dass er *Pressearbeit* in seine Werbeaktionen einbinden muss. In der Gemeindeverwaltung und im Gemeindeblatt können seine kostenlosen Veranstaltungen beworben werden.

Sinnvoll kann es sein, passend zu den jeweiligen Themen auch kleine Artikel in die Presse zu geben und die örtliche Tageszeitung zu den Vorträgen einzuladen, sowie Infoblätter zu verteilen. Es ist lohnend, dafür zu einem Gespräch bei den örtlichen Zeitungsredaktionen vorstellig zu werden. Besonders die kostenlosen Anzeigenblätter sind aufgeschlossen dafür, kleine Gesundheitsartikel in ihre Blätter zu setzten und dafür Hinweise auf den Verfasser/die Verfasserin und deren Praxis zu geben.

Es stellte sich heraus, dass es für Holger J. unzählige Wege gibt, um sich bekannt zu machen. Niemand wunderte sich darüber so sehr, wie Holger selbst. Aber zur Verwirklichung gehört eben ein genauer Plan, nach dem man vorgehen kann und gezielter persönlicher Einsatz.

Und dazu war mein Kursteilnehmer auch bereit. Es war ja nicht der mangelnde Fleiß und der Einsatzwille, der ihn davon abgehalten hatte, in eigener Sache Werbung zu betreiben. Ihm war einfach nicht klar gewesen, dass WERBUNG als wichtiger Bestandteil zu einer erfolgreiche Praxisführung gehört.

Wir alle waren sicher, dass die Praxis von Holger J. künftig genügend Zulauf haben würde.

Holger J. hat verstanden, dass er seinen Erfolg nicht dem Zufall überlassen darf, sondern dass er ihn genau planen und die nötige Fleißarbeit weitgehend selbst leisten muss.

Wie es leider gar nicht geht

Bei einer Reihe von Unternehmen, wie man sie täglich in den Ladenstraßen beobachten kann, ist schon vor der Eröffnung ersichtlich, dass sich hier wohl kaum Erfolg entwickeln kann.

Dabei wäre es, bei genügender Vorbereitung und der Berücksichtigung eines plausiblen Konzeptes in ganz vielen Fällen durchaus möglich, aus einer Idee auch ein gutes Geschäft zu generieren.

Wer wachen Auges durch die Stadt geht, kann erkennen, dass viele Läden und Café am Rande des Existenzminimums dahindümpeln, sodass man geneigt ist, hineinzugehen und zu sagen: " Hallo Leute, so funktioniert das nicht!"
Geschäftsleben und Geschäftstüchtigkeit geht einfach anders.

Traurige Beispiele
1. Schickes Bistro – von Anfang an ein Reinfall
2. Bastelcafé für Kinder – ein typischer Fall für Fehlplanung

Schickes Bistro – von Anfang an ein Reinfall

Schade, schade, ich hatte mich so sehr auf das hübsche Café gefreut

Neugierig wird von den Anwohnern eines Stadtgebietes oder einer Straße, der Ausbau eines neuen Ladens grundsätzlich beäugt. Da bleibt man dann auch mal stehen und fragt, was für eine Branche denn geplant sei und wann es zu einer Geschäftseröffnung kommen würde. So war es auch bei einem geräumigen Laden in meiner Wohnnähe. Nun, so war die Auskunft, sollte ein schönes Restaurant dort etabliert werden. Ich selbst bin immer besonders interessiert an einem hübschen Café oder Bistro, weil ich, mit meinem Laptop bewaffnet, gerne aushäusig meine Bücher oder Artikel verfasse. Und dann noch in unmittelbarer Nachbarschaft zu meinem Wohnhaus? Perfekt!

So verfolgte ich auch ungeduldig die Renovierungsarbeiten und freute mich auf einen schönen Fensterplatz, den ich innerlich bereits für mich und meinen PC reserviert hatte. Aber die guten Leute ließen sich Zeit und gaben bei Nachfrage, die Schuld für immer wieder neue Verzögerungen den verschiedenen Firmen und Handwerkern, die säumig arbeiten würden. Dafür verhieß ein Blick in die halbfertigen Räume, dass hier sicherlich etwas echt Schönes entstehen würde.

Als es dann endlich so weit war, bevölkerte ich das hübsche, aber im Moment noch menschenleere Ladenlokal mit mir und meinem Laptop. Ein üppiges Kuchenbuffet lud zur „süßen Sünde" ein, die ich für einen Nachmittag demnächst einplanen wollte. Zunächst aber wollte ich mich mit einem Ingwertee begnügen. Ein gewandter und weltmännisch auftretender Ober mit französischem Akzent brachte mir das gewünschte Getränk und fragte mich danach „alle Naselang" nach weiteren Wünschen. Ich fühlte mich etwas unwohl, denn wenn ich schreibe, bestelle ich lediglich Kaffee, Tee oder Wasser. Das ist in den anderen Lokalitäten, in denen ich mich sonst niederlasse, auch völlig o. k. Hier aber scheint meine bescheidene Bestellung auf wenig Wohlwollen zu stoßen. Oder fehlinterpretierte ich die Aufmerksamkeit des jungen Mannes, der um das Wohlergehen der Gäste unermüdlich besorgt ist? Ich wartete erst mal ab. An einem der nächsten Tage wollte ich mich dann, gemeinsam mit meiner Enkelin durch das Kuchenangebot futtern. Ich hatte ihr angekündigt, dass eine riesige Auswahl, die ich vor einigen Tagen begutachtet hatte, uns nun verwöhnen würde. Aber leider habe ich mich mit einer solchen Verheißung dann doch etwas blamiert. Denn in der Vitrine lagen bei unserem Besuch nur zwei angeschnittene Obst-Torten, die nicht wirklich verführerisch oder sonderlich neu aussahen. Wir bestellten dann von beiden Sorten je ein Stück. Meine Kleine trank einen heißen Kakao und ich einen Kaffee. Wie der Kuchen schmeckte? Nun, ja, einigermaßen. Aber wirklich frisch schien er nicht zu sein, jedenfalls sah es so aus. Dafür war der Kuchenpreis schon recht exklusiv. Und die Heißgetränke waren auch leider nur mittelprächtig. Ganz schön mutig, das Angebot, denn die Kaffeerösterei gleich nebenan macht den besten Kaffee der Stadt. Auf meine Frage nach der vor einigen Tagen gesichteten Kuchen-Auswahl, gab es die Antwort, das würde sich nicht lohnen. Hallo? Nach einem einzigen Monat seit der Geschäftseröffnung? Ja klar, wieder waren wir die einzigen Gäste an diesem Nachmittag. Einmal noch saß ich, meinen Laptop im Schlepptau, in dem neuen Restaurant. Ich wollte erst einmal nicht wahr haben, dass ich mir diesen, meinen Wunsch-Arbeitsplatz abschminken muss. Also behielt ich im Auge, wie sich dort die Geschäfte entwickelten. Nämlich gar nicht.

Beispiel für ein völlig fehlendes Konzept

Die Betreiber wollten hier in diesem eher bescheidenen Stadtgebiet, einem Stadt-teil mit Kiezcharakter mit berühmter Frühstückskultur, ein hochpreisiges Nobel-restaurant etablieren. Dafür aber war das Restaurant zwar nett, aber keineswegs nobel ausgestattet. Mittags und abends gab es nur jeweils drei Menüs, die „Weinbegleitung" pro Person richtig viel kosten. Hier die Qualität auszu-probieren, ersparte ich mir, das war mir dann doch zu teuer. Zudem konnte jeder Passant durch die Fenster sehen, dass nur wenige Gäste den Laden frequentierten. Ein zunächst angebotenes Mittagsmenü wurde bald wieder von der Karte gestrichen. Dafür gab es nun Samstag und Sonntag ein französisches Frühstück, denn angeregt durch die knackevollen Lokale mit den üppigen Frühstücken hier in der Nachbarschaft, wollte man sicherlich ebenfalls mit Frühstück punkten. Aber – während in den Nachbarläden jeder Stuhl draußen und drinnen besetzt ist, lief hier so gut wie gar nichts. Und das, obwohl das Lokal in ausgesprochen exponierter Lage platziert ist, die auch von jedem Sonnenstrahl vom frühesten Frühling bis zum späten Herbst gefunden wird. Im Sommer, bei offenen Türen, sah man jedoch nicht in einladend erleuchtete Räume, sondern in eine schwarze Höhle. Im Winter allerdings sorgten drinnen viele Kerzen für anheimelnde Gemütlichkeit, wie man durch die Fenster rundum wahrnehmen konnte. Leider reichte das nicht aus, um mehr Gäste ins Restaurant zu locken, denn man konnte von außen auch sehen, wie spärlich nur die Besucher im Lokal saßen.

Werbung? Außer einem Aufsteller, der auf dem Bürgersteig mit Törtchen am Nachmittag lockte, war die einzige Werbung eine Menükarte im Schaukasten am Eingang. Spärlich alles. Und die Betreiber wussten augenscheinlich gar nicht recht, was sie eigentlich anbieten wollten. Da wurde dies ausprobiert und das ausprobiert und dann wieder verworfen. Das variierte genauso, wie die Geschäftszeiten. Nach meiner Einschätzung ist es abzusehen, wann das Lokal wieder schließt. Das ist eigentlich trauerlich, denn die Voraussetzungen sind in diesem Fall in Bezug auf Platz, Stadtgebiet und Publikum richtig, richtig gut. Das kann man auch an anderen Läden hier sehen, die sich über die Jahre positiv entwickelt haben und sich heute vor Gästen kaum retten können. Man kann dort dann aber auch beobachten, wieviel Mühe und vor allem Kontinuität investiert worden ist. Schade ist es allemal, wenn so viel Anfangsmühe sich nicht auszahlt, die Existenz sich nicht zukunftsträchtig entwickelt. Bedauerlich ist das auch deshalb, weil es zu augenscheinlichen Erfolglosigkeit nicht hätte kommen müssen, wenn verstanden worden wäre, was Selbst-*Ständigkeit* bedeutet, nämlich *selbst* und *ständig*. Und genau das geht nicht ohne Konzept und einen *stimmigen Masterplan,* der fleißig und unermüdlich und hoch engagiert realisiert wird.

Bastelcafé für Kinder – ein typischer Fall von Fehlplanung

Beispiel, wie hier völlig am Bedarf vorbeikonzipiert worden ist

Sicher war es gut gemeint, das Bastelcafé in meiner Straße. Es war allerdings nicht recht erkennbar, was genau das Ziel dieses neuen Ladens war. Hübsche Handarbeiten hingen in den Schaufenstern und Tafeln verkündeten, dass Eltern und ihre Kinder willkommen wären, dass hier Kindergeburtstage gefeiert werden könnten und dass es selbstgebackenen Kuchen gäbe. Nette Idee, dachte ich, aber ob das was wird? So oft ich auch vorbeiging, von geschäftigem Kindertreiben war nichts wahrzunehmen. Da ich ein neugieriger Mensch bin und Neuem grundsätzlich aufgeschlossen, wollte ich mir diese Geschäftsidee doch einmal näher betrachten und plante mit meiner kleinen Enkeltochter (die damals etwa 7 Jahre alt war), einen Besuch.

Wir waren die einzigen Gäste in den durchaus nett ausgestatteten, jedoch etwas schmucklosen Räumen mit den dunklen Holztischen. Die Betreiberin, eine freundliche, etwas ernste junge Frau, erklärte auf Befragen ihr Geschäftskonzept und meinte, es würde eben ein wenig dauern, bis sich die Existenz des Cafés herumgesprochen hätte. Aber sie wär zuversichtlich, dass sich ihre Geschäftsidee durchsetzen würde und ihre Angebote im Stadtgebiet angenommen würden. Sie bot dafür ihren kleinen Gästen und ihren Müttern und Vätern die Benutzung der Ladenräume gegen eine Zahlung von 5,- € an. Dazu könne sie allerhand Handarbeits- und Bastelmaterial zur Verfügung stellen, das dann extra berechnet würde. Wir entschieden uns für das Herstellen einer Halskette und eines Armbandes für Mammi. Dazu durften wir unter hübschen Perlen wählen, die uns preiswert berechnet wurden. Von dem aktuellen Hauskuchen bestellten wir uns Muffin und Apfelkuchen, die mäßig nett schmeckten. Die Ladenbesitzerin stellte uns die Bastelsachen hin und bot an, sie zu befragen, wenn wir Hilfe bräuchten. Ansonsten ging sie ihren eigenen Handarbeiten nach und überließ uns unserem (Bastel-) Schicksal. Wir fertigten dann farbenfrohen Schmuck an und schickten uns nach 2 Stunden an, heim zu gehen. Außer, dass die Ladnerin kurzen Besuch von einer Freundin hatte, tat sich in dem Kindercafé in der Zeit unseres Aufenthaltes nichts. Zum Abschied wurden uns hübsche kleine Info-Heftchen überreicht, auf denen die Angebote des Ladens aufgelistet und beschrieben waren. Die Betreiberin des Cafés bat uns, einige Exemplare mehr mitzunehmen, um sie an andere Väter, Mütter oder Großeltern weiterzugeben.

Meine kleine Enkeltochter war ganz glücklich über die Geschenke, die sie für ihre Mammi hergestellt hatte. Ich aber machte mir so meine Gedanken über die Erfolgsaussichten des Ladens, über Investitionen, die offensichtlich reichlich getätigt worden waren. Mir drängte sich die Gewissheit auf, dass es nur eine Frage der Zeit war, bis sich herausstellte, dass hier keine Zukunftsaussichten winkten. Zu meinem Erstaunen hielt sich der Laden dann doch noch mehr als ein Jahr und wurde dann sang- und klanglos geschlossen.

Verfehltes Geschäftsmodell: Die Idee ist immer nur der der allererste Schritt, der dann mit Leben erfüllt werden muss. Aber in diesem Fall hätte ich schon von der Umsetzung des Planes, der sicherlich gut gemeint war, abgeraten. Ein Bastelcafé für Kinder findet nur schwer die passende Zielgruppe. Kleinstkinder basteln noch nicht und schon gar nicht ohne Anleitungen, die ja in dieser Örtlichkeit gänzlich fehlten. Später dann sind die Kleinen in Kita-Betreuung eingebunden, wo ohnehin reichlich gebastelt wird.

In dem betreffenden Laden war insgesamt nicht recht erkennbar, weshalb man ihn besuchen soll. Es fehlte vollkommen ein entsprechendes Entertainment für Kinder und ihre Begleiter. Es gab keine betreuten Kurse, Aktionen, Spiele, Veranstaltungen. Es gab kein Veranstaltungskonzept für die Geburtstage und ein betreutes Fest-Programm dafür. Insgesamt hatte man den Eindruck, dass man daheim besser basteln und auch feiern könnte. Samstag nachmittags und Sonntag war der Laden ohnehin zu, da die Besitzerin 2 eigene Kinder hat und ihr Familienleben nicht gefährden wollte. Ansonsten schloss der Laden um 18 Uhr.

Meine Coachingvorschläge wären gewesen: Zunächst einmal einen erkennbaren Mehrwert für Besucher und ihre Kinder zu definieren daraus ein gutes, tragfähiges Konzept generieren. Die Öffnungszeiten müssten den Bedürfnissen der Kinder und ihrer Eltern angepasst werden. Ein lebendiges Kindercafé-Leben wäre dann zu initiieren. Dazu sich regelmäßige Workshops für Tanz und Spiel anbieten. Aber auch Kinderkochkurse und Backkurse (geeignete Küche war ja vorhanden), wären möglich gewesen. Dafür hätte man an den Nachmittagsstunden auch größere Kinder ansprechen können. An den Wochenenden hätte Frühstücks-Halli-Galli das Haus füllen können. Insgesamt hätte das Thema Betreuung eine wichtigere Rolle spielen müssen, damit Eltern entlastet würden. Hier aber war die Mitarbeit der Eltern voll eingeplant, um die Kinder ausreichend bespaßen zu können. Die Bertreiberin eine freundliche, aber zurückhaltende Frau, eignete sich zudem nicht als Anziehungs-Person für aktive Gastlichkeit. An diesem Beispiel zeigt sich, dass auch eine umfangreiche Werbung nichts ausrichten würde, denn es gab hier so gut wie nichts, was man begeistert bewerben könnte. Und ohne diesen Funken „Begeisterung", gibt es eigentlich keinen Grund für die erwünschte Zielgruppe, sich für ein Angebot zu interessieren. Ich bedaure es immer sehr, wenn sich große Hoffnungen und auch erhebliche finanzielle und ideelle Investitionen in Erfolglosigkeit auflösen. Zurück bleiben dann meistens Schulden und enttäuschte Hoffnungen. Das hätte sich hier sicherlich vermeiden lassen, wenn vor der Planung eine Recherche ermittelt hätte, welchen Bedarf es hier im Stadtbezirk überhaupt gab und was genau als Ziel der Planung gedacht war. Wenn eine Idee außergewöhnlich und neu ist, lohnt es, sämtliche Bekannten zu befragen, inwieweit sie selbst sich als Nutzer des Ladens sehen würden. Auch eine Passantenbefragung mit selbst verfassten kleinen Fragebögen, können nützlich sein. Befragte Leute geben in der Regel hilfsbereit Auskunft. Es lohnt auf jeden Fall, sich im Vorfeld solche Mühen zu machen, damit einem dann die Enttäuschung des Scheiterns erspart bleibt. ***Ohne Know How geht es nicht!*** Guter Wille alleine reicht nicht aus, um ein Geschäft erfolgreich zu etablieren.

Werbeinstrumente - Beispiels-Leitfäden

o **Seminarführung** und Infoveranstaltungen als wichtige Werbeinstrumente, deren Einsatz zu jeder Zeit ohne Zusatzkosten geplant werden können

o **Telefongespräche** erfolgreich führen
Als erstem Kontakt mit Kunden/Klienten
Gesprächsregeln

o **Beratungsgespräch** erfolgreich führen
Festlegen des weiteren Vorgehens/des
   Behandlungskonzeptes
Beispielverlauf für eine Beratungsstruktur

o **TRENNKOSTprinzip** als Beispielthema
Als Muster für ein Seminarthema

o **Seminarablauf** angelehnt an das Beispielthema
Gestaltungstipps

o **Diverse Werbewege**
Anzeigen, Flyer, Visitenkarten, Mund-zu-Mund-Werbung, Pressearbeit, Öffentlichkeitsarbeit

Der Anrufbeantworter als wichtiger Assistent

(Ich habe hier lediglich eine Musterbranche gewählt, die nur als Anregung verstanden werden soll und nach eigener Gegebenheit natürlich umgetextet wird)

Der Kontakt mit dem Anrufbeantworter ist oftmals der erste Kontakt zu Interessenten und vermittelt den ersten Eindruck von der zu erwartenden Hilfeleistung. Die Gestaltung dieser „Visitenkarte" sollte besonders sorgfältig geplant und entsprechende ausgeführt sein.

Der Text wird deutlich und mit warmer und motivierender Stimme und dennoch ganz natürlich gesprochen. Jeder Anrufer soll sich willkommen fühlen und spüren, dass Sie an ihm und seinem Anliegen ernsthaft interessiert sind.

Es ist übrigens hilfreich, beim Aufsprechen des Textes in den Spiegel zu schauen und die Worte bewusst mit Gefühlen zu versehen.

Vorgeschlagener Text

Damit alle wichtigen Botschaften für Ihre Interessenten enthalten sind, empfehle ich folgende Beispieltexte:

Standard

„Guten Tag. Ich freue mich über Ihren Anruf. Sie sind verbunden mit dem Anschluss Marion Mustermann, Heilpraktikerin und TRENNKOST-Seminarleiterin. Persönlich erreichen Sie mich mit Sicherheit am Mo/Di/Mi/Do/Fr/ von .... bis ....Uhr.

Damit wir einander nicht versäumen, rufe ich Sie auch gerne zurück. Nennen Sie dazu bitte deutlich Ihren Namen, den Grund Ihres Anrufes (Ihr Anliegen), Ihre Telefonnummer und die Zeit, wann ich Sie am besten erreichen kann. Ich freue mich auf das Gespräch mit Ihnen und wünsche Ihnen noch einen schönen Tag. Bitte sprechen Sie nach dem Signalton."

(Praxisbezeichnung o.ä. ggf. weglassen oder verändern)

Text im Urlaubsfall

„Guten Tag. Ich freue mich über Ihren Anruf. Sie sind verbunden mit dem Anschluss von Marion Mustermann, Heilpraktikerin und TRENNKOST-Seminarleiterin. Bis zum xxxx bin ich im Urlaub. Der nächste TRENNKOST- Abend findet am ....statt. Für Informationen stehe ich Ihnen ab ...... wieder zur Verfügung.

Gerne können Sie mir Ihre Nachricht auf dem Band hinterlassen, ich werde mich sodann um einen Rückruf kümmern. Nennen Sie dazu bitte deutlich Ihren Namen, den Grund Ihres Anrufes (Ihr Anliegen), Ihre Telefonnummer und die Zeit, wann ich Sie am besten erreichen kann. Ich freue mich auf das Gespräch mit Ihnen und wünsche Ihnen noch einen schönen Tag. Bitte sprechen Sie nach dem Signalton.“

(Praxisbezeichnung o. ä. weglassen, oder verändern)

Halten Sie die festgelegten Sprechzeiten unbedingt ein.
(möglichst e i n e Sprechzeit in der Woche auch in die Abendstunden legen)

Sollten Sie unerwartet zu Ihren üblichen Sprechzeiten nicht anwesend sein können, unbedingt vorher das Band entsprechend neu besprechen
Den Anrufbeantworter mit präzisen Angaben besprechen, auf die sich die Anrufer verlassen können
Aber der Text sollte nicht zu lang sein

Wichtige (unausgesprochene) Botschaften zu Ihren Texten auf dem AB:

Positiven Eindruck auf dem AB vermitteln
Sie sprechen mit ..... Im Moment bin ich nicht erreichbar, aber zu den angegebenen Zeiten bin ich persönlich für Sie da. Diese sind: ......“ **oder**

„Gleich nach meiner Rückkehr werde ich mich um einen Rückruf kümmern!

Ich sage genau, wer ich bin und was ich tue. Ich identifiziere mich gänzlich mit der von mir angebotenen Dienstleistung.

Ich signalisiere: Ich bin interessiert, ich schenke Aufmerksamkeit, man ist bei mir gut aufgehoben, ich bin korrekt und diszipliniert, man kann mir vertrauen.

Negativbeispiele von AB-Texten

Guten Tag. Sie sprechen mit der Naturheilpraxis Mustermann. Leider bin ich im Moment nicht persönlich erreichbar. Bitte rufen Sie zu einem späteren Zeitpunkt noch einmal an. Ich danke Ihnen für den Anruf.

oder

Guten Tag, Sie sprechen mit dem Anschluss von Peter und Marion Mustermann. Leider sind wir derzeit nicht zuhause. Wir würden uns freuen, wenn Sie es später noch einmal versuchen würden.

Negative (unausgesprochene) Botschaften dieses Textes:

Ich halte es nicht für nötig, den Anrufer über Telefonzeiten zu informieren. Ich bin nicht sonderlich interessiert an einem Wiederanruf. Die Möglichkeiten, mich zu erreichen, gleichen einem Lotteriespiel. Keine Identifikation mit den angebotenen Dienstleistungen ist zu erkennen. Anrufer gibt nach mehreren Versuchen entnervt oder verärgert auf. Ein Kunde oder Patient ist verloren gegangen.

Die Negativbeispiele sind unprofessionell und wirken gänzlich unpersönlich.

Erfolgreiches Telefonieren mit Kunden/Klienten

Für den ersten Eindruck gibt es keine zweite Chance!

Der Anruf einer Interessentin, eines Interessenten ist der erste Kontakt mit Ihnen und oftmals entscheidend dafür, wie und ob sich eine erfolgreiche Beratung oder Teilnahme ergibt.

Seminarleiter oder Ernährungsberater oder Therapeuten oder Kunden, sie alle sollte möglichst eine separate Geschäfts-Telefonnummer haben. Sollten Sie jedoch eine bereits vorhandene Privat- oder Geschäftsnummer benutzen, dann achten Sie unbedingt darauf, dass Patienten/Klienten/Kunden-Gespräche ausschließlich von Ihnen geführt werden. Falls Sie nicht erreichbar sind, so aktivieren Sie Ihren Anrufbeantworter grundsätzlich für die Zeit Ihrer Abwesenheit.

Tipps zum erfolgreichen Telefonieren

- Niemand außer Ihnen nimmt Gespräche auf Ihrem angegebenen Geschäftsanschluss entgegen oder vereinbart Termine
- Seien Sie in Ihren angegebenen Geschäftszeiten immer auf Interessentenanrufe vorbereitet. Sie melden sich entsprechend mit Vor- und Zunamen sowie Ihrer Geschäftsbezeichnung
- Notizzettel mit Stift bereithalten für Name, Adresse, Telefonnummer
- Telefontext vor-formulieren und griffbereit haben
- Terminkalender parat haben
- Bitte lächeln während des Telefonates (mit Spiegel telefonieren, freundliche Energie überträgt sich)
- Anfangs im Stehen telefonieren (Profi-Adresse des Geschäftsraumes nennen, ggf. mit Wegbeschreibung)
- Termin zur Beratung, Behandlung oder Veranstaltung fest vereinbaren

Parkmöglichkeit, respektive Bahn-/Busverbindung beschreiben

Gesprächsregeln

- Kein „Beratungsgespräch" bereits am Telefon führen
- Gespräch „in der Hand behalten", den Gesprächsverlauf selbst bestimmen
- Formulierungshilfen anwenden (Leitfaden für Telefonat)
- Bei Detailfragen der Interessentin/des Interessenten:
  "Frau/Herr, ich sehe schon, dass Sie großes Interesse haben. Genau diese Fragen sind Inhalt <u>meines kostenlosen Beratungsgespräches</u> (bzw. des Seminars): *„Wollen wir gleich einen Termin vereinbaren?"*
- Beratungsgespräch nicht als Infogespräch avisieren (Kunde erwartet sonst Kurzseminar über TRENNKOST oder Meridian-Energie-Techniken oder andere angebotene Lehr- oder Therapie-Themen
- Der/die Interessent/in beginnt das Gespräch mit einer Frage. Um nicht direkt mit der Beantwortung einer Frage das Gespräch zu eröffnen, beginnen Sie folgendermaßen:
  „Bevor ich zur Beantwortung Ihrer Frage komme, gebe ich Ihnen zunächst einmal einen kurzen Überblick über meine Arbeit (*kurz erläutern, was das Spezielle meines Angebotes ist*)

Wenn <u>Ihr vorbereitetes</u> Textkonzept für das Telefongespräch eingehalten wird, kann es zügig und störungsfrei ablaufen.

Der Verlauf wird Ihnen dann „nicht aus der Hand genommen und führt in den meisten Fällen zu einer Terminvereinbarung für ein Beratungsgespräch, eine Seminarteilnahme, eine Anmeldung für eine Infoveranstaltung oder andere Angebote.

Wichtig dafür ist: Den Gesprächsverlauf bestimmen Sie, nicht die Anrufer!

Beratungsgespräch als Beispiel

(Hier ist eine Beratung gewählt, wie sie bei einer gewünschten Gewichtsreduktion geführt werden kann. Je nach Branche werden die Entwürfe natürlich textlich anders gestaltet Es wird lediglich am Beispiel aufgezeigt, wie für Patienten/Kunden <u>eine Gesprächsstruktur der Leitfaden</u> sein kann..

Ablaufkonzept mit Formulierungshilfen

(Begrüßen, Tee oder Wasser anbieten)

„Wie Sie wissen, leite ich TRENNKOST-Seminare. Dies in erster Linie zum Zwecke der Gewichtsreduktion, aber vor allem auch, um die Gesundheit zu verbessern.
Dabei liegt mir in erster Linie an einem Erfolg für meine Teilnehmer, der nicht nur vorübergehend ist, sondern der auch anhält.
*Dafür hat die **Autorin Ingrid Schlieske** nach deren Konzept ich arbeite, in mehr als **20 Jahren Erfahrung mit mehr als 160.000 Seminarteilnehmern** ein einzigartiges System entwickelt. Es ist so erfolgreich, daß den Anwendern des Konzeptes der Dauererfolg sogar **garantiert werden** kann.*
Auch ich selbst bin begeisterter Trennköstler (Trennnköstlerin).

Nun zu Ihnen Frau/Herr ....
Sicher haben Sie schon einige „Diäterfahrungen" gemacht. Und Sie haben auch gewisse Ziele, die Sie gerne erreichen möchten. Darf ich Ihnen dazu einige Fragen stellen!?"

Bisherige Diätkarriere (Anamnese)
Nach genauen Zielen fragen (dabei ermutigen, sich zu trauen und diese ehrlich, nicht halbherzig oder beschönigend zu definieren).

„Was glauben Sie, was der Grund dafür ist, dass Sie in der Vergangenheit immer wieder rückfällig wurden? (kurze Antwort abwarten)
Ich möchte Ihnen nun unser Konzept vorstellen. Daran werden Sie sehen, weshalb Ihre Versuche in der Vergangenheit bisher nicht von einem dauerhaften Erfolg gekrönt waren und weshalb Sie bisher immer rückfällig werden mussten."

➢ Persönlicher 3-Phasen-Plan
„Unser einzigartiges 3-Phasen-System:

Phase I – Zeit der Gewichtsreduktion
Im Rahmen der TRENNKOST dürfen Sie alles essen, was Sie bisher auch gemocht haben, aber nicht mehr alles zusammen. Die TRENNKOST können Sie bereits nach der ersten Teilnahme anwenden. Und die Regeln beherrschen Sie nach den ersten 3 Wochen automatisch.
Diese erste Phase ist die Zeit der Gewichtsreduktion.
Diese Zeit ist eine Ausnahmezeit. Weil bei uns auch keine Wunder geschehen, haben wir die Essensmenge für diese Phase auf etwa 1100 kcal. pro Tag festgelegt.

In dieser ersten Phase erreichen Sie Ihr Idealgewicht! *Und – Sie legen Ihr Ernährungsprogramm für die Zukunft fest.*
*Dafür veranschlage ich für Sie eine Seminarteilnahme **von .... Monaten** mit wöchentlichen Treffen.*

Phase II – Zeit der Festigung
Normalerweise endeten in der Vergangenheit genau hier Ihre Diätbemühungen. Ihre Erfahrungen haben das bewiesen. Der Rückfall war vorprogrammiert; Jo-Jo lässt grüßen! Und genau an dieser Grenze beginnt unsere wirkliche Arbeit. Hier nämlich starten Sie erst die allerwichtigste Zeit. Einschränkungen und begrenzte

Portionen haben ein Ende und Sie üben nun, mit Normalportionen ohne Kalorienzählen, Wiegen und Messen, **das lustvolle Essen, ohne zuzunehmen.** ___In dieser Zeit werden Ihre neuen Gewohnheiten aus Phase 1 gefestigt.___
Für diese wichtige Zeit brauchen Sie nach meiner Erfahrung ___........ Monate___ *mit wöchentlichen Treffen.*

Phase III – Zeit der Stabilisierung

Und danach überlasse ich Sie Ihrem Schicksal? Keinesfalls: Denn noch immer sind Sie hochgefährdet. Aus den Augen, aus dem Sinn; im Laufe der Zeit würden Sie, alleingelassen, wieder rückfällig werden. Deshalb habe ich für Sie unseren Club eingerichtet. Dort treffen Sie sich für Motivation und Erfahrungsaustausch und ___zum Stabilisieren Ihrer neuen Ernährungsweise___ *nur noch 1 mal monatlich an einem Ernährungsstammtisch mit Ihren Mitstreitern. Die für Sie nötige Zeit dafür sind* ___........ Monate___

Die Gesamt-Betreuungszeit ist also ___........ Monate___
Der Gesamtpreis dafür sind € ....   Wöchentlich wären das € ....   Diese Summe können Sie als Vorauszahlung leisten und hätten damit einen Preisvorteil von € ....
Selbstverständlich besteht die Möglichkeit, den Gesamtbetrag auch in monatlichen Beiträgen zu entrichten.

Im übrigen müssen Sie die Summe für die Seminargebühr _nicht extra aufbringen._ *Sie bezahlt sich ganz von selbst aus den Einsparungen, die Sie in der Zeit der Gewichtsreduktion beim Haushaltsgeld machen.* _Beispiel:_ *Wer mit den Pfunden kämpft, verspeist pro Tag 2500 - 3000 kcal. Um diese zu finanzieren, müssen pro Monat (ganz niedrig gerechnet) mindestens Euro 250,- aufgebracht werden. Wenn man davon ausgeht, dass es nur   100,- € kostet, um 1000 kcal zu finanzieren, sparen Sie in der Zeit der Gewichtsreduktion 2 x € 150,--, also € 150,-*

im Monat. Bei **........ Monaten** *Gewichtsreduktion, die wir soeben für Sie festgelegt haben kommt es somit zu einer* **Einsparung von Euro ....**
„Die Seminargebühr lässt sich also leicht vom Haushaltsgeld finanzieren!"

Die individuell ermittelten Daten jeweils gut sichtbar in das Formular eintragen zum Mitlesen für den Seminarinteressenten, damit das 3-Phasen-System auch visuell verdeutlicht wird.

„Unser Konzept wird auch Ihnen Erfolg bringen. Garantiert! **Wollen wir das so machen?"**   **(das ist ein wichtiger Satz!!!)**

Jetzt festlegen, wie gezahlt werden soll. Vertragsformular und ggf. Zahlungsvereinbarung gemeinsam ausfüllen.

Wie Sie diesem **Beispiel** *entnehmen können, ist es immer wichtig, sich für das Angebot, das Sie unterbreiten, ein ganz genaues, gut durchstrukturiertes Konzept anzufertigen, das in der Darstellung bereits überzeugt.*

Dabei empfehlen sich einfache Formulierungen und einfache Beispiele. Auf diese Weise kann auch ein Beratungsgespräch in einer therapeutischen Praxis aufgebaut sein.

Für Patienten/Klienten muss schlüssig dargestellt werden, weshalb sich ein komplettes Therapiekonzept lohnt, damit es zu dauerhaftem Erfolg kommt, statt nur mal kurz auszuprobieren, was sich ggf. als Behandlungsmethode bietet. .

Tipps und Anregungen zu Seminarabläufen und Infoveranstaltungen

Ein Seminar ist immer eine Veranstaltung und sollte ein festliches Ereignis sein
Seminarassistenz

Es ist hilfreich, sich bei größeren Seminaren einen/eine TeilnehmerIn zur Hilfe (Assistenz) zu nehmen. Diese/r verteilt Produkte zum Probieren, führt Listen, hilft beim Dekorieren u.a.

Festlicher Höhepunkt

Machen Sie aus allen Gratulationen, Verabschiedungen, Belobigungen und Danksagungen einen festlichen Höhepunkt Ihres Seminars. Rituale sind ein wirksames Mittel zur Motivation. Dazu den Betreffenden nach vorne bitten, gratulieren, ggf. Geschenkchen überreichen, zum zwischendurch Applaudieren auffordern, das sorgt für energetische Belebung und Einbeziehung des Publikums.

Japanisches Heilströmen

Kann mehrmals abendlich zur Auflockerung und Belebung eingeflochten werden. Bedeutung mit 2 Sätzen erläutern und gemeinsam während des Referates ausführen; jeweils kurz innehalten und nächste Haltung erläutern. Dazu bieten sich an: Mittelstrom, Fingerströme, Allergiestrom, Spannungskopfschmerz, Erkältungen/Grippe, Gewichtsregulierung etc. Weisen Sie auf kostenlosen halbstündigen Schnupperkurs hin: www.ingrid schlieske-downloads.de. Damit entsteht das Gefühl der Teamarbeit, der Gemeinsamkeit.

Meridianklopfen

Erläutern Sie Seminarteilnehmern die Technik kurz, sie machen ihnen damit ein Geschenk, das daheim sofort angewandt werden kann und für immer nützt: *Thymusklopfen, EMDR* (Abrupte Augenbewegungen) und *BSFF* = Be Set Free Fast, siehe mein RATGEBERBUCH **Raus mit der Angst aus Ihrem Leben!**

DAS TRENNKOST-PRINZIP (als eines von vielen möglichen Themen)
(in diesem Fall) **nach dem Konzept von Ingrid Schlieske**

Die nachfolgend empfohlenen Nahrungsmittel sind nicht nur auf die TRENNKOST beschränkt. Hier finden sich die Ratschläge, die weltweit für eine gesunde und vollwertige Ernährung ausgesprochen werden. Diese in die Struktur der TRENNKOST einzusortieren, bleibt dann der eigenen Entscheidung überlassen.

- Trennen von Nahrungsmitteln mit konzentrierten Kohlenhydraten von Nahrungsmitteln mit konzentriertem Eiweißanteil in einer Mahlzeit.
- Einhalten von mind. 3, besser 4 Stunden Pause zwischen der Nahrungsaufnahme aus diesen beiden Gruppen.
- Ein hoher Anteil von Obst, Gemüse, Salat als basenbildende Nahrung.
- Sowohl gekochtes als auch rohes Gemüse täglich unter Berücksichtigung der entsprechenden Verträglichkeit.
- Regelmäßige Zufuhr von einfachen und mehrfach ungesättigten Fettsäuren in Form von hochwertigen, kaltgepressten Ölen, Saaten und Nüssen.
- Aufnahme von möglichst unbelasteten Lebensmitteln ohne Zusatzstoffe aus möglichst ökologischem Anbau.
- Wenig tierische Fette.
- Weniger tierisches Eiweiß. Dieses dann ggf. von artgerecht gezogenen Tieren aus natürlicher Zucht.
- Wurstwaren nur aus bekannter Produktion, mit genau deklarierten Inhaltsstoffen (Hersteller sollte einen guten Namen haben und sich für Qualität verbürgen).
- Kein Übermaß an konzentrierten Kohlenhydraten besonders in Bezug auf Zucker und denaturierten Mehlen mit hohem Stärkegehalt.

- Getreideprodukte möglichst vollwertig verwenden (Wertsubstanzen).
- Den Speisezettel so vielseitig wie möglich gestalten.
- Bevorzugt das Gemüse aus der Region, je nach Saison verwenden.
- Am Tag sollten neben anderen Getränken 1,5 – 2 Liter Wasser getrunken werden.
- Wichtig ist es, mit Freude zu speisen, der Mahlzeit ganz zugewandt, die Nahrung sollte in Ruhe gegessen werden.
- Getreideprodukte besonders gut kauen und sorgfältig einspeicheln.
- Es ist ratsam, gelegentlich einen oder einen halben Obst-Tag einzulegen, um den Verdauungstrakt zu reinigen, zu entlasten.
- Grundsätzlich gehört etwas Fitnesstraining zu diesem Programm (Laufen, 5-Tibeter, Wirbelsäulengymnastik, kl. Hanteltraining, andere Übungen), um alle Körperfunktionen, besonders aber die Verdauung anzuregen.
- Decken des Protein-Bedarfs z. T. über pflanzliches Eiweiß, z. B. Sojaprodukte und eiweißhaltige Getreide (z. B. Saitan, wenn keine Unverträglichkeit vorliegt) und Saaten.

Die Trennkost ist lediglich als Beispiel hier angeführt. Für ein Seminarkonzept eignen sich auch andere Ernährungsweisen, wie auch gänzlich andere Themen, für die sich Interessenten begeistern können.

Wichtig ist es, dafür ein gutes Manuskript und ggf. Arbeitsunterlagen anzufertigen, die den Teilnehmern gegen Kostenbeitrag oder kostenlos zur Verfügung gestellt werden.

Der Aufbau des Seminarablaufes richtet sich danach, ob das Seminar als Ziel von Werbeaktionen gedacht ist oder als Werbemittel für Verkäufe oder Dienstleistungen dienen soll (siehe mein RATGEBER „erfolgreich reden!")

Nach dem Erreichen des angestrebten Zieles: hier Clubverlängerung

*(Beispiel, wenn eine **längere Anbindung** an Seminare oder Treffen oder als Ergänzung zum Therapiekonzept erreicht werden soll)*

„Die Sucht – und dazu gehört insbesondere auch die Esssucht – ist nach Erreichen des Zieles nicht überwunden.

Sie kennen sicherlich den Spruch: ‚Aus den Augen – aus dem Sinn'. Diese Aussage beschreibt sehr treffend, wie schnell man wieder in die alten Gewohnheiten zurückfällt. Jetzt haben Sie ja Ihr Ziel erreicht und können sich über Ihre Figur und die neugewonnene Lebensqualität freuen. Ich finde, das steht Ihnen richtig gut. Und jetzt heißt es wachsam das Erreichte zu verteidigen und zu bewahren.
Um das Erreichte nicht zu gefährden, sollte weiterhin eine gewisse ‚Rückendeckung' gegeben sein. Genau deshalb biete ich Ihnen eine **Dauerbetreuung** an. Die erfolgreichen Seminarteilnehmer können künftig zu einem Vorzugspreis Clubmitglied bleiben einmal monatlich an den Treffen (Gesundheits-stammtisch) teilnehmen. Mit dieser Rückendeckung werden Sie künftig auch schwierigere Phasen meistern, ohne daß Sie wieder „rückfällig" werden und irgendwann wieder einmal ganz am Anfang stehen. Der Clubbeitrag kostet für 1 Jahr 96,- €, also nur 8.- € Euro im Monat. Eine gerin-ge Investition für so viel Sicherheit, nicht wahr?

*Dieses Angebot der Clubteilnahme mit einem Treffen pro Monat kann auch schon während des Beratungsgespräches angeboten werden. Wenn man dem Interessenten/der Interessentin vor Augen führt, wie die sogenannten „Diätkarrieren" in der Regel verlaufen und wie jeder das auch schon unzählige Male selbst erlebt hat. Es ist es eben nicht so einfach, den eingeschlagenen Erfolgsweg dauerhaft weiterzugehen, wenn man ihn ohne Begleitung zurücklegen muss! Das Motto kann heißen: **Ich lasse sie auch danach nicht alleine!**

Der Garantieschein für eine erfolgreiche Selbständigkeit?

Nur zu gerne würde ich ihn für Ihre geplante Selbständigkeit ausstellen.

Aber Garantien gibt es in diesem Leben so gut wie nicht. Nicht für den eigenen, ganz persönlichen Schicksalsweg und auch nicht für geschäftliche Planungen und Konzepte.

Jawohl, ein wenig Wagnis ist immer dabei, wenn man sein Einkommen künftig einzig aus dem eigenen Einsatz bezieht. Aber, wäre es schließlich auch so spannend, wenn alles immer 1:1 planbar wäre, wenn alles vorausberechenbar und vorhersehbar wäre? Wo bliebe denn der Spaß, bitteschön?

No Risk – no Fan!

So äußerte sich dereinst sogar Lothar Späth (ehemaliger Ministerpräsident von Baden-Württemberg), der gleich nach der Wende die Leitung der maroden DDR-Firma JENA-OPTIK übernahm und ihr in wenigen Jahren wieder zur Weltgeltung verhalf. Dass ihm das gelingen würde, hatte niemand erwartet. Aber er hatte seine Vision und einen unerschütterlichen Siegeswillen, mit dem er alle seine Mitarbeiter ansteckte und weltweit neue Märkte erschloss.

Er wusste was er tat. Und er ging die Aufgabe voller Freude an. Und das, genau das wünsche ich Ihnen auch bei Ihrem Vorhaben. Brennen Sie für Ihr Thema, glauben Sie an Ihren Plan. Versehen Sie das Projekt, das Sie haben mit Herzblut und freuen Sie sich auf eine schöne, eine spannende und abwechslungsreiche Zeit. Wenn Sie sich nicht trauen sich auszuprobieren, werden Sie niemals wissen, zu welchen Leistungen, Ideen und Problemlösungen Sie in der Lage sind, was Sie in der Lage sind, auf die Beine zu stellen. Also los!

Mit hoher Wahrscheinlichkeit werden Sie erfolgreich sein, wenn Sie den erforderlichen Einsatz erbringen. Und die damit verbundenen Leistungen werden sehr zu Ihrem persönlichen Glück beitragen

Der Mensch braucht ein Projekt! Immer! Er ist auf der Welt, um etwas zu erschaffen. Es muss immer ein Ziel angesteuert werden, auf das man sich freuen kann, das Schwung ins Leben bringt.

Sich selbst verwirklichen! Das ist damit gemeint! Und das bezieht sich selbstverständlich auch auf die beruflichen Herausforderungen.

Wer nichts gestaltet, bleibt im Alltag stecken. Etwas auf die Beine stellen und dann dafür sorgen, dass es fantasievoll ausgestaltet wird, das ist der Garant dafür, dass wir jeden Tag voller Spannung kaum erwarten können.
Selbständigkeit in jeder Form, ob als Laden, Dienstleistung, als Manufaktur oder als therapeutische Praxis, hier bietet sich der Nährboden für Kreativität und für das Ausleben von Träumen und Fantasie und Freiheit.
Seinen Ideen, seinen Wünschen und seinen Visionen folgen, zu neuen Ufern aufbrechen, das Unmöglich wagen und über sich selbst hinaus wachsen – lohnt das nicht, dafür einige Unwägbarkeiten in Kauf zu nehmen?
Und wenn das Projekt trotz aller sorgfältigen Arbeit wirklich nicht gelingen sollte? Liebe Leserin, lieber Leser, auch dann geht die Welt nicht unter.
Vielmehr werden Sie erleben, dass Probleme letztendlich nichts anderes sind, als Projekte. Und die bedürfen der Erledigung, wenngleich sie manches Mal den Total-Einsatz erforderlich machen.
Und dann ist wieder angesagt: *Hinfallen, aufstehen, hinfallen, aufstehen!* Sie erinnern sich? Sie haben das schon mal erfolgreich geübt – immer wieder!

Ich wünsche Ihnen nun viel Zuversicht und das Gelingen Ihrer Pläne. Und auch das Quentchen Glück, das man immer braucht, wenn etwas gut werden soll.

Herzlichst,
Ihre Ingrid Schlieske, die immer nur **SELBSTÄNDIGE** sein will.

Hier warten lohnende Geschenke auf Sie

Viele Jahre habe ich ja hochengagiert, in meinem schönen Seminarhaus Hoher Vogelsberg in Hessen Therapeutenausbildungen angeboten. Dort ging es um:

Japanisches Heilströmen und MERIDIANKLOPFEN

Wegen der Aufgabe meines schönen Anwesens und meines Umzuges nach Berlin, habe ich die Möglichkeit nicht mehr, persönlich zu unterrichten. Ehrlicherweise will ich auch nicht verhehlen, dass ich mit fast 80 Jahren nun nicht mehr mit Organisationsarbeiten befasst sein möchte, sondern mich ganz auf meine Arbeit als Autorin konzentrieren will) Aber es liegt mir daran, mein Wissen um die Meridian-Energietechniken weiterzugeben, damit sie in der Selbsthilfe und auch in der Therapeutischen Praxis, Anwendung finden.

Das Japanische Heilströmen
Neben meinen ausführlichen Büchern darüber, habe ich ergänzend dazu, einen **CRASH-Kursus** angefertigt, den Sie sich *kostenlos* als VIDEO herunterladen können.
Darauf erläutere ich in Kurzform das Japanische Heilströmen und demonstriere jeden einzelnen der 26 Griffe mitsamt einer genauen Lagebeschreibung der Energiepunkte. Das versetzt Sie in die Lage, sofort, ohne weitere Vorkenntnisse, mit dem Strömen in Selbsthilfe zu beginnen und sich davon zu überzeugen, wie gut Sie Ihre Gesundheit mit dieser einfachen Methode unterstützen können. Wer zudem therapeutisch arbeiten möchte, oder sein Wissen vertiefen will, findet zusätzlich **13 kleine Videos über die Organströme**, die angewandt werden, um jedes der dazugehörigen Organe zu stärken.

Das MERIDIANKLOPFEN
Ich empfehle Ihnen, an jedem Tag nur wenige Minuten das Meridianklopfen anwenden und Sie können damit rechnen, Sorgen zu entschärfen und Blockaden aus ihrem Leben zu entfernen, die Glücklichsein verhindern. Ein kleiner **CRASH-Kursus** auf VIDEO zeigt, wie einfach es sein kann, Ängste aus dem Leben zu verbannen und Heilung auf allen Ebenen zu unterstützen. Nutzen Sie mein Angebot, das Ihnen lebenslang Nutzen bringt. **VIDEOS kostenlos herunterladen: www.ingrid-schlieske-downloads.de**

Wie authentische sind meine Beispiel-Berichte?

Alle meine Schilderungen entsprechen meinen Erfahrungen als Coach und Beobachtungen, durch die ich mir ein Bild von der jeweiligen Geschäftslage machte

Meine Berichte entsprechen meiner ganz persönliche Wahrnehmungen und die erhaltenen Berichten an deren Authentizität ich keinen Grund hatte, zu zweifeln.

Mein Mutmaßungen und Beurteilungen der jeweiligen Geschäftslage resultieren vornehmlich aus meinen Einschätzungen und Folgerungen die sich aus meinen Anschauungen ergaben. Die finanzielle Situation, resp. Bilanzen der jeweiligen Geschäfte sind mir zumeist nicht bekannt.

Mit meinem RATGEBERBUCH will ich Ideen beisteuern und Anregungen geben wie man vorgehen kann, um die geplante Selbständigkeit zu dem Erfolg zu führen, den man sich wünscht.

Besonders aber möchte ich dazu ermutigen, sich Gedanken zu machen, bereits bestehende Selbständigkeiten zu optimieren, eigenen Ideen zu vertrauen und immer wieder neue Ideen unermüdlich zu entwickeln und umzusetzen.

Bei der Gelegenheit möchte ich noch einmal einen der liebsten Sprüche meiner Großmutter zitieren, die bei jeder sich bietenden Gelegenheit hervor hole:

„Es gibt nichts Gutes, außer man tut es!"

Diese Weisheit hat nichts an Aktualität verloren.

Nein, ich selbst habe auch nicht die Weisheit mit Löffeln gegessen. Und mir sind längst nicht alle Wege geläufig, die man gehen kann, um sein Geschäft voran zu bringen.

Aber jeder meiner Ratschläge ist sehr oft schon erfolgreich umgesetzt worden und wartet nun darauf, auch von Ihnen fantasievoll und kreativ ergänzt zu werden.